新时代大学体育教育革新与反思

严杰星　著

云南美术出版社

图书在版编目（CIP）数据

新时代大学体育教育革新与反思 / 严杰星著. -- 昆明：云南美术出版社，2020.1
ISBN 978-7-5489-3574-2

Ⅰ. ①新… Ⅱ. ①严… Ⅲ. ①体育—教学改革—高等学校 Ⅳ. ① G807.4

中国版本图书馆 CIP 数据核字 (2018) 第 301774 号

出 版 人： 李 维 刘大伟
责任编辑： 吴 洋 陈铭阳
责任校对： 郑涵匀 张京宁
装帧设计： 李 静

新时代大学体育教育革新与反思

作　　者 严杰星 著
出版发行 云南出版集团
　　　　 云南美术出版社
地　　址 环城西路609号24-25楼
印　　装 朗翔印刷（天津）有限公司
开　　本 710 mm × 1000 mm 1/16
印　　张 10.5
版　　次 2020年1月第1版
印　　次 2020年1月第1次印刷
印　　数 1~1000 册
书　　号 ISBN 978-7-5489-3574-2
定　　价 42.00元

前 言

体育教育是随着人类社会的不断发展而得以逐步建立和完善的，作为人类所特有的一种社会活动形式，它是社会文化的重要组成部分，也体现了人类在对客观世界进行改造过程中的文明发展程度。世界全球化日趋的发展的背景下，体育也进入了全球化的时代，并且逐渐发展成为人们社会生活中不可缺少的部分。体育教育的发展和繁荣同人们的生活有着非常密切的关系，人们对于体育教育的关注和参与也变得日趋频繁。

基于此，作者撰写《新时代大学体育教育革新与反思》一书，全书共设置六个章节。第一章综述体育教育的历史沿革与现状，分别从体育教育历史发展历程、体育教育思想演进方式和新时期大学体育教育现状与改革思路三个方面进行论述；第二章分析体育教育的本质和目标体系，包括体育教育的本质及教育价值探寻、体育教育的结构与功能、体育教育目标体系的依据与构建路径；第三章大学体育教育下的人文精神的价值和培养路径，侧重对大学体育人文精神缺失的原因、价值取向、培养路径、人文素质教育反思和“中国梦”时代大学体育人文精神的构建与培养进行分析；第四章教育与专业课程创新与发展从网络技术，以对网络技术在高校体育教学中的应用发展的分析为前提，探讨微视频大学体育理论教学实践、翻转课堂引入普通高校公共体育教学、新课程背景下体育校本课程文化的反思与重建、应用型人才培养模式下体育教育专业课程改革实践；第五章大学教师专业化培养路径分析，对大学体育教师队伍的专业素养及专业化培养路径做出诠释；第六章从体育教育资源的开发与利用、我国体育现代化远程教育市场发展走向和 MOOC 背景下的教育改革问题上分析，紧扣本书主题——新时代大学体育教育革新与反思。

本书有两大特点值得一提：

一、把握新时期大学体育发展及教育改革的脉搏。本书在论述的过程中，围绕发展、创新、探索的角度进行了剖析和解读。注重全面教授和强化培养大学生身体素质锻炼，提升大学体育教师的专业化成长路径，注重新时代信息化与各种大学体育教育资源的整合，这顺应了大学体育教育改革的发展浪潮，以期为高校大学体育教育的开展提供理论和实践参考价值。

二、理论与实践结合。依托“中国梦”时代背景，为整合大学教育教学的棘手问题，提供了新思路。

为了使写作严谨、逻辑清晰，为了拓宽研究思路，丰富理论知识与实践表达，作者阅读了很多相关学科的著作，并吸取了大量学科的知识。希望本书能够为学习和研究大学体育教育与教改革新研究的学者同仁们提供一些有资可寻的学术信息。当然，至于本书的研究实用价值究竟如何，还有待专家、学者们的检验，如有疏漏之处，还请得到谅解，不吝赐教。

本书共有六章，合计 15 万字。

此外，书稿的完成还得益于前辈和同行的研究成果，具体已在参考文献中列出，在此表示诚挚的感谢。

作者

2018 年 8 月

目录

第一章　体育教育的历史沿革与现状分析

学习体育教育理论，就必须了解国内外体育教育的历史。本章概括了体育教育的产生与发展，介绍了古希腊、文艺复兴时期、资产阶级革命时期的体育教育，并以时间为轴线，阐述了体育教育思想的演进过程，对具有代表性的体育教育思想以及体育教育的发展趋势作了简明分析。除此以外还介绍了国内外体育教育的现状，并对体育教育未来的发展进行了展望。

第一节　体育教育历史发展历程

一、国外体育教育的产生与发展

（一）体育教育在国外的产生

体育教育伴随着人类的生产、生活、劳动的不断进步而日渐成熟，这在世界各民族的发展进程中都可以看到。体育教育是文化的组成部分，人类文化的发展对体育教育的发展产生着巨大的影响。作为一种社会文化，体育教育的产生标志着社会的文明与进步，其产生之初，通常也只是封闭的、区域性的，且多数为不完善的地方文化。从不同的文化价值观和规范方面来看，不同区域诞生的区域性体育文化往往差异极大。

（二）体育教育在古代欧洲启蒙

古希腊是近现代欧洲体育的源头，古希腊人曾有着丰富多彩的体育生活。大量的文献中仍有关于古希腊人体育竞技活动的描述，产生有关体育活动的术语，诸如 athletics（竞技）、training（训练）、gymnastics（体操）等。其中 gymnastics（体操）在古希腊被当作一切健身运动及其方法的总称，如柏拉图在《对话篇》中曾把体操称为“身体训练的理论和方法体系”。而当时的所谓“体操馆”即为设有跑、跳、投掷、拳术、角力等场地设施的运动场所。可见，在古希腊，“体操”一词近似于现代“体育”。在古希腊的斯巴达教育体系中，把体育列为主要内容；在雅典的教育内容中，亦有学习“五项竞技”的要求。

古希腊的体育教育体系主要有两种类型，一是斯巴达教育，二是雅典教育。斯巴达教育的全部特征是以追求军事效力为最终目标，从而决定了斯巴达教育中含有相当多的军事体育的内容。但就教育思想而言，斯巴达人几乎没有给后人留下什么。雅典是奴隶主民主国家，因此它的教育自始就与斯巴达存在相当的差异。两种教育体系的共同点是它们都注重实践，目的都是直接以成人的活动训练孩子将来成为国家的成员。然而，斯巴达是为造就士兵而教育孩子，而雅典教育的目的是把统治阶级的子弟培养成为身心和谐发展的能履行公民职责的人，不仅要把他们训练成为身强力壮的军人，更要求把他们培养成具有与文化修养和多种才能的政治家和商人。因此，雅典产生了许多著名的教师，给后人留下了丰富的教育思想，其中也包含体育教育思想。

苏格拉底是第一个作为公众教师的雅典人，他强调做任何事情都离不开强健的身体和精神，应坚韧不拔地锻炼自己的身体，使自己的身体做好精神的奴仆。柏拉图是苏格拉底的学生，他继承了老师的思想，提出属于初级教育训练阶段，斯巴达教育体系可称为这一时期的最好楷模，当进入成年后则采用雅典式教育体系。柏拉图在《法律篇》中写道，教育有两件事：一件是体育，是为身体的；另一件是音乐，是求心灵美善的。体育又分舞蹈与角斗两部分。

亚里士多德师从柏拉图，是伟大的希腊教育家中的最后一个继承人，在基本问题上的观点与其先师是一致的，所不同的是将其老师提出的原理推进了一步。对待教育，亚里士多德认为，人的理性和理智是本性力求达到的目的。因此，公民的出生和道德训练，都应依据这一性质来安排。身体和灵魂是两种不同的东西，灵魂是由理性部分和非理性部分组成，与此相对应有理智和欲望两种状态。亚氏指出青少年时期要学 4 门课程：阅读、书写；体育锻炼；音乐；绘画。在体育锻炼方面主张“实践必须先于理论，身体的训练须在智力训练之先”。

欧洲中世纪受封建专制势力的影响，竞争不受到保护，人的思想也受到禁锢，骑士制度是中世纪欧洲体育史上唯一的亮点。公元 800 年，法兰克王国的查理大帝一统西欧，12 名跟随查理大帝南征北战的勇士就成了“神的侍卫”，也称“圣骑士”，这被视为骑士的起源。骑士在中世纪曾是备受崇拜和尊敬的阶层，而把农夫培养成风流倜傥、风度翩翩的骑士需要借助一些体育手段，经过严格的身体训练。进行骑士教育的核心是“骑士七技”：骑马、游泳、投矛、射箭、狩猎、弈棋、吟诗。骑士们骑着能征善战的骏马，身披盔甲，手持盾牌、长矛和利剑，来捍卫自己的荣誉和俘虏敌人。

（三）文艺复兴影响下的体育教育

文艺复兴时期，在思想上宣扬除了心智及肉体之外尚有神所赋予的灵魂。他们认为，肉体是兽性的、最低的、最无关紧要的东西，而心智与灵魂是最高的追求目标。为了在尘世间能获得灵魂的永存，人们必须采取禁欲、苦行、压制和克服肉体的兽性，这种思想观念，实质是对古希腊体育观的彻底否定。

随着社会的进步，封建社会开始解体，新兴资产阶级开始对封建社会进行反抗。这种反抗表现为两股热潮，首先是意大利的一些思想家站在反封建的前列，高呼：“回到古代去”，“回到古希腊去”。他们从古希腊的文化中重新发现了“人”，他们要求人们把目光从神转向人，从天堂转向尘世。他们高喊“我是凡人，我只求凡人的幸福”。与此同时，德国受北欧文艺复兴运动的影响，在马丁·路德的带领下掀起了宗教改革的热潮，否定了罗马天主教会和教皇至高无上的权力，提出在上帝面前人人平等，没有贵贱之别。这两股资产阶级革命思潮推动了体育教育的发展。这反映在一方面各种体育活动开始在民间广泛流传开来，另一方面出现了一批有开拓勇气的体育教育先驱，如皮埃尔·保罗·维尔杰里奥（卡拉拉公爵的家庭教师）、格瓦里奥·德·维罗纳（埃斯特·家庭教师）、麦尔库里亚利斯（医生）……他们身先士卒，勇于实践，但留给后人的理论著作却不多。尽管彼此的主张采用的方法各不相同，但表现在以下几方面却是基本相同的：抛弃了把身体视为灵魂监狱的观点；教育理论既注重跑、击剑、骑术等实用性技能，也肯定棒球、地滚球、舞蹈等游戏项目。力求使孩子养成动作优美的习惯和自然从容的举止；恢复并传播古代体育教学经验；在他们的影响下，全面发展人的美学思想和作为保护身体手段的体育作用，重新得到承认；认识到身体训练时利用大自然的力量和条件，不仅增加了锻炼身体的效果，并使人心情愉快；承认脑力活动与体力活动之间的相互联系。

（四）近代资本主义时期发展下的体育教育

法国资本主义革命后，资产阶级在国家的经济生活中成为一支重要的社会力量，发起了“启蒙运动”，在这场轰轰烈烈的运动中出现了一些著名的教育家、思想家。

让·雅克·卢梭是那个时代最杰出的思想家和教育理论家。他提出要对新生的一代施行自然教育，他在《爱弥尔》一书中设想了一种全新的教育，即将爱弥尔从小置身在大自然中自然的发育成长，尽管爱弥尔缺少所谓的教育，然而他成为一个全面发展，尚武有力，勇敢能干的人。卢梭这种教育思想他本人却从未有机会亲自实施过，但他给后人的影响是深刻和久远的。卢梭的身体教育思想主要有：任何社会问题之所以产生都在于人性恶，而恶首先产生于人的体弱。所以只有通过培养刚强的青年才能改变社会的丑恶；孩子学会同自然界斗争的本领越多也就越灵巧，因此必须训练青少年的感觉器官。卢梭提出的训练方案是克服各种自然障碍，如爬树、翻越石墙等。同时，他沿用了洛克的劳动教育思想，采用各种手工劳动训练孩子。赞同洛克关于积极休息的论点，提出智育和体育相结合的方案。他写道：“教育的最大秘密在于身体活动和精神活动彼此都互为休息手段”。

卢梭的教育思想深受人文主义教育家的赞赏，在德国等地开办了以卢梭思想为指导的泛爱学校。如贝纳特·巴塞多在德绍的一位公爵资助下办了一所泛爱学校，在推广泛爱主义教育中，古茨穆斯的影响为最大。他制定了泛爱教育中身体教育的体系，主要含有三方面活动：利用户外游戏发展儿童的个性和意志品质（如培养灵巧和谨慎的作风，增强注意力、记忆力，培养想象力等）；利用各种手工劳动增强手部技巧和能力；对身体本身的练习，即利用跑、跳、投、摔跤、平衡、举重等练习方法增加力量和耐力，培养能够借以解决生活中出现的问题的能力和品质。

二、体育教育事业在中国的产生与发展

（一）体育教育在中国的萌芽

在我国的社会发展历史中，曾孕育过原始的古代体育教育，但在后期的历史发展中夭折了。作为世界文明古国之一的中国，已成为现代体育纯粹的受益国，而非贡献国。这与我国漫长的农耕社会和非工业化社会有着直接的关系。

古老的教育体系中出现过体育教育内容，据史料记载，我国在夏代已有称为“校”“序”“庠（音 xiang）”等不同名称的学校。商代又出现了“大学”和“庠”两级施教的学校教育。西周时，学校又有了发展，分为“国学”和“乡学”两种，这些学校均是为奴隶主贵族子弟设立的，是培养统治者和官吏的学校。在当时的社会，文化知识和书籍文献都为官府所垄断，所以说是“学在官府”。奴隶主贵族子弟学校的教育内容是礼、乐、射、御、书、数，称为“六艺”。而“六艺”中的“射、御”两艺和“乐”的一部分，均可视为现代体育的范畴。当时，贵族子弟学习射箭、驾驭战车和祭祀舞蹈成为其实现自身社会角色的重要步骤之一。

从我国军事体育史的角度来看，在以往的冷兵器时代，我国古代军队教习的一些训练项目常常既属于军事内容，又属于体育手段。例如我国古代的甲士训练即是其中的典型。此外，在军事活动中，体育还常常是军事训练的有效方法，西汉戍边军队为御寒和保持士兵的战斗力，同时也为打发空闲时间和娱乐的需要，军队中盛行胡人擅长的摔跤，汉代的蹴鞠和唐代的马球都曾被作为军事训练的主要内容和手段。

（二）中国古代体育教育的发展

我国古代体育同世界各国体育相比，既有共性，也有特点。我国古代体育像各国古代体育一样，都是以发展身体、维持和增进健康为目的，都以身体练习为手段，都有军事性、教育性、娱乐性，都受各自社会的政治、经济、军事、文化发展以及阶级存在的影响等。

我国古代体育教育萌芽于原始氏族社会，成形于奴隶社会，发展于封建社会。根据古代对于民间传说的记载和古文物证明，我国在夏朝以前就有了民间游戏、

射箭练习、舞蹈、医疗体育以及某些带有大学体育教育因素的生产劳动教育和军事训练等。夏、商、西周时期，相继出现了乐舞、武舞、射礼、田猎、手博、跑跳等竞技运动项目，出现以射箭和驾车为主要项目的学校体育，出现独具特色的养生体育实践和简单的养生思想。进入封建社会以后，我国出现过三个体育大发展时期，即战国时期、汉代和唐代。到了唐代，我国古代体育的基本轮廓已经形成。不论是从丰富多彩的运动项目，还是从不同的体育思想来说，都是如此。唐代以后，虽然在城市市民体育和武术等局部有所发展，但从总体上看，我国大学体育教育仍处于相对稳定或减弱的状态。

我国古代没有体育这个词，但是一直存在着丰富的体育内容，主要包括三大类：一是养生中的体育。我国古代养生是一种专门的理论和实践，它的大部分内容，如导引、行气、散步、游山玩水等可以归入体育，而它的另一部分内容，如服食，饮食起居的卫生要求、房中术等，则不能算作体育。二是包括各种武术在内的多种军事体育项目。三是各种娱乐性项目，包括民间的节日活动项目，如击壤、百戏、舞剑、竞渡、秋千、水缠等。有的运动项目本来是军事体育，后来逐渐演变成了娱乐性的，如蹴鞠、相扑等。

从总体上讲，虽然我国古代大学体育教育的价值、发展程度以及它同人民群众的关系等方面远不能同近代中国体育、特别是远不能同中华人民共和国成立以来的现代中国体育相比，但是，它是几千年的中国体育的先河和基础，是中华民族的优秀遗产之一，是值得骄傲的。

（三）中国近代体育教育发展

受西方体育教育文化影响，在中国特定的历史环境下生根、发芽、成长，而中国传统大学体育教育随着历史的发展也渐渐发生演变，在与西方大学体育教育发生冲突、碰撞之后与西方大学体育教育融合成具有中国特色的社会主义大学体育教育。因此，对于近代以来中国大学体育教育的历史考察，不仅有助于我们整体把握中国大学体育教育的发展脉络，而且可以为今后的大学体育教育改革提供理论依据。

1.1840 年—1895 年间的体育教育

这一时期由于西方列强的军事侵略，使当时的中国洋务派、维新派以及资产阶级民主派进步人士看到了西方体育的军事价值，欣赏“军国民教育”利于“强兵”，因而迫不及待地首先引进了西方包括兵式体操和普通体操在内的兵操体育。

19 世纪 60 年代，清王朝在内外交困、危机四伏的情况下，推出了一次所谓的洋务运动，提倡“办洋务”“兴西学”。洋务学堂就是洋务运动中创设出来的新式学校。洋务学堂以学习“西文”和“西艺”为主要内容，军事学堂设体操课。此外，在洋务学堂中，还开展了以西方的近代体育运动项目为主的各种体育活动，可以说在我国学校中最初出现体育课程和体育活动是从洋务学堂开始的。

甲午战争失败后，洋务运动便偃旗息鼓，资产阶级改良派代表人物康有为、梁启超、严复等又领导了一次维新变法运动，旨在努力寻求“救亡图存”的道路，试图通过改良的办法使中国富强自立。他们主张废八股、科举，提倡“西学”、兴办新式学堂，初步设想了一套完整的学校教育制度，强调体育在学校教育中的地位和作用，公开提出在学校中必须德、智、体三者并重，并且十分重视儿童青少年的身体养护及健康成长。

19 世纪后半叶，以美国为主的美、英各教派在我国创办了不少的教会学校，并设立了基督教青年会，这对我国体育教育的发展也产生了很大影响。教会学校一般没有体育课程，但是，大多在课外开展各种体育活动。例如，1895 年山东汇文书院开展的“放小学”课间活动，常作“抢球”游戏等。可以说教会学校的体育活动，是西方的田径、球类传入我国的主要途径之一。1908 年美国控制下的基督教青年会在中国成立，并把开展体育运动作为重要工作之一。并派一批美国体育专业人员来华工作，他们以学校为中心积极宣传体育运动，介绍西方近代体育理论与方法，培训体育专业人员，组织举办各种运动、竞赛及体育训练活动。我国初期的一些大型运动竞赛中很多是青年会主办和组织的。教会学校和基督教青年会在我国体育方面的活动，反映了帝国主义利用体育运动进行文化侵略的实质，同时在客观上也促进了我国近代学校体育运动的发展，尤其对田径、球类等近代学校体育项目的传播和运动竞赛的开展起到了不可估量的作用。

2.1919 年—1949 年间的体育教育

清朝政府为了缓和阶级矛盾，开始推行“新政”，进行教育改革。颁布《钦定学堂章程》（壬寅学制），虽未付诸实行，但体操作为学校一门正式学科课程，以政府文件的形式第一次在我国得到认可和确立，自此奠定了体育课程在学校课程中的地位。蒙学堂第一、二年级的体操课时多达每天1课时，中学堂每周2课时，突破了中国封建传统教育不设体育课的历史，这标志着中国教育开始与西方教育的接轨。

颁布的《奏定学堂章程》（癸卯学制）是我国第一个新教育学制，其主要内容是编练新军、淘汰绿营，废八股、废科举、兴学校、选派留学生，设立学部（教育部）管理教育，颁布学堂章程等。按照《癸卯学制》系统规定，各级各类学校体育课程设置均有一定的标准，章程还对当时体育课的内容、目的作了一些简要说明，使教育工作者能明确体育课的作用与意义。

（四）1949年以来的体育教育发展

1949年中华人民共和国成立，在共产党领导下从此进入社会主义革命和建设的新时代。体育的性质和地位从此也发生了根本变化，成为一种崭新的社会主义体育。它是整个国家革命和建设事业的一个组成部分，在继承中国传统体育精髓的同时，也吸收了其他国家与民族体育教育的精华。然而，这一时期由于国际政治环境的影响，我国体育教育的命运与祖国的命运相连更为紧密，它伴随着中华人民共和国政治、经济状况的变化而变化。

我国从新民主主义革命向社会主义革命过渡的历史时期，也是中华人民共和国体育教育的初创期。由于国民党政府重“选手体育”“贵族体育”而轻学校体育，中华人民共和国的体育只能在接受和改造旧体育教育的基础上开始起步。中华人民共和国建立初期做出“健康第一、学习第二”“身体好、学习好、工作好”等指示，据此中央人民政府政务院发出《关于改善各级学校学生健康状况的决定》。

1950年8月，教育部颁发了《小学体育课程暂行标准（草案）》，将其体育教学目标明确为：“培养儿童健康技能、健美体格，以打好为人民、为祖国的建设战斗而服务的体力基础；培养儿童游戏、舞蹈、体操等运动兴趣和习惯，以发展身心，并充实康乐生活；培养儿童国民公德和活泼、敏捷、勇敢、遵守纪律、团结、友爱等品质，以加强爱国主义思想和集体主义精神。”继而教育部和国家体委于1952年联合颁布了《学校体育工作暂行规定》，指出我国学校体育的基本目标是“促进学生身心发展，增强体质，并对学生进行道德品质的教育，使他们能很好地完成学习任务，从事社会主义建设和保卫祖国”。为达到这一目标，教育部于1952年在《各级各类学校教育计划》中正式规定，从小学一年级到大学二年级均开设体育必修课，每周2学时。1953年5月，教育部发出《关于中学体育成绩暂时考查办法的通知》，又指出体育课是中学课程的一科，其成绩与其他各科成绩相同，按一门学科计算。为了提高教学质量，1953年教育部组织翻译了苏联十一年制体育教学大纲，向全国体育教师进行介绍。1954年中央体育学院聘请苏联专家讲授苏联体育教育理论，主张体育教育是全面发展教育的组成部分，要全面发展学生的身体，为劳动生产和国防建设服务，强调教师的主导作用，介绍苏联中小学体育课的四部分结构和课的密度和运动量等。

1956年3月和5月以苏联体育教学大纲为蓝本先后颁布了全国统一通用的《小学体育教学大纲（草案）》和《中学体育教学大纲（草案）》，从此，《体育课程标准》改称为《体育教学大纲》。两部大纲都指出，中小学体育“是全面发展教育的一个组成部分”，从而明确了中小学体育在整个教育中的重要地位。小学和中学体育教学大纲中，还分别提出了如下任务：锻炼身体、增进健康、促进生长发育；教授体育的知识、技能；培养体育锻炼与卫生习惯；进行爱国主义、集体主义等思想、品德培育等。1957年我国出版了中小学体育教学参考书，从而使体育教学工作有了统一规范的要求。

第二节　体育教育思想演进方式

体育的起源，目前尚无定论。有人认为起源于人的本能，有人认为起源于人类劳动，有人认为起源于人的生活需要，也有人认为体育的起源不是一源而是多源……且不论体育的起源，作为一种客观的社会现象而存在，到古希腊时，体育就已取得相当的发展，开始形成较为完善的大学体育教育体系。

一、体育教育思想形成体系

古希腊教育体系有两大类，一类是雅典教育体系，一类是斯巴达教育体系。雅典教育注重人的身心和谐发展，其主要目标是培养既有健全身体又有文化修养的合格公民；与雅典教育相比，斯巴达教育所追求的是体格、体质、体能和体力的发展，这一教育体系，实质上就是军事和体育相结合的教育体系。随后，公认为西方第一个公众教师的苏格拉底明确阐述了“做任何事情都离不开强健的身体，任何人都必须坚韧不拔地坚持锻炼身体”这一教育思想。柏拉图继承了苏格拉底的思想，指出：教育有两件事，一件是体育，是为身体的；另一件是音乐，是求心灵完美的。亚里士多德进一步发展了上述教育思想，认为人生的发展可分为三个阶段，即身体发展阶段、非理性发展阶段和理性发展阶段。身体先于灵魂而产生，身体先于灵魂而发展，与人生发展阶段相适应。教育应具有三重内容，即身体教育、品格教育和智力教育。至此，体育教育已基本形成一定的思想体系，开始指导体育教育的全面展开，对以后的体育教育产生了深远的影响。不幸的是，在欧洲漫长的封建社会时代，宗教神学和经院哲学盛行。肉体被认为是邪恶的，是“灵魂的监狱”，体育教育也因此“当然”地被视为异端而打入冷宫。直至文艺复兴，以人本主义为中心的人文科学兴起，世人才重新推崇肉体美，提倡“健全的精神寓于健美的身体”，在这一思想指导下，体育教育才逐步复兴，体育教育思想才重新“百花齐放”，逐步形成了流派众多的体育教育思想。

三大思想文化运动为体育教育的兴起奠定了思想基础。14 ~ 18 世纪，欧洲大陆出现了三次大规模的思想文化运动，即：文艺复兴、宗教改革和启蒙运动。三大思想文化运动砸开了中世纪束缚人们思想的封建枷锁，扫清了资本主义发展道路上的主要思想障碍，迎来了思想解放、人才辈出和科学繁荣的时期。适应新的生产力发展和新的生产关系需要的新的思想文化和新的科学艺术纷纷产生。

二、古希腊体育教育思想的形成

古希腊是奥林匹克运动的发源地，是世界四大文明古国之一。公元前 8 世纪在希腊半岛上出现了许多奴隶制城邦国，其中最著名的是斯巴达和雅典。希腊半岛位于地中海，景色秀丽、环境幽静一年四季气候宜人特别适合户外运动，这一切为古希腊人竞技运动的传统形成，提供了良好的自然环境，城邦统治者为了防范异族入侵，镇压奴隶起义并同其他城邦争战，要求市民具备强健的体格，而且他们在祭神等节日里还举行体育比赛，所以，公元前六世纪古希腊就已建立了它的体育教育体系。公元前 5 世纪古希腊进入全盛时期，体育也像文学、艺术、哲学一样需要加以理论研究与总结。一些思想家针对诸多体育课题，提出了一系列自己的观点，其中最具有代表性是雅典思想家苏格拉底、柏拉图和亚里士多德。苏格拉底是著名的学院派哲学家，他的散步法吸引了当时许多知名人士。苏格拉底生活简朴，刻苦勤劳，胼手胝足、摩顶放踵、往来栖止于大自然中，柏拉图曾赞扬说："苏格拉底不用说灵魂，就是他的肉体的坚韧也是超群的。"苏格拉底终生坚持运动，当他人嘲笑他年事已高还在运动时，他反驳说："运动能增进食欲，促进睡眠，是最高的健身法。"他有个学生体弱多病，却以不是职业运动员来安慰原谅自己，苏格拉底批评他说："身体锻炼对个人和国家都是有用的，每个市民都有保卫国家的义务。"他认为衰弱是一种耻辱，肌肉松弛，发育不良，应当锻炼身体，保持最佳状态。苏格拉底的学生柏拉图不仅是哲学家也是一个体育家，他参加过很多次竞技比赛，曾取得角力优胜，在他的文集中，有许多有关体育远见卓识的见解，其中涉及最多的是竞技的职业化。他认为职业竞技有碍健康，竞技者由于人为的竞赛规律，失去了体育的要义，为夺标而训练会使人变得瘫养，无头脑，而徒有发达的四肢。职业化使得更多的市民放弃运动，仅成为观赏者，退出体育之外，身体就会日渐屏弱，最终失去对生活和大自然的适应能力，因此，大众体育的思想在古希腊时期就初见端倪，古希腊思想家中的体育主张，处处显露出大众体育的思想，这些思想对后世的体育事业影响甚远。

三、文艺复兴时期体育思想成为主流

从文艺复兴时代起，资产阶级的教育家就把体育作为培养人才的重要手段加以大力提倡，不仅恢复了古希腊的体育制度，还进一步制定了锻炼身体的各种措施，积极研究各种运动方法，努力让学生的身体得到全面发展，体育已成为一项重要的、不可缺少的教育活动。1423 年，意大利人文主义教育家维托里诺创立了一所新式学校，仿效古希腊的体育馆，称之为"体育宫"。该校实行体育、德育和智育并重的方针，开展了丰富多彩的体育活动，成为文艺复兴时代资产阶级教育的代表。维托里诺的教育思想和体育实践，促使体育得到了空前的重视，也使体育作为教育的一项内容而开始在学校实施。

宗教改革和启蒙运动中对教育的探索更加确立了体育的地位。资产阶级宗教改革的代表人物马丁·路德就主张体育应成为教育的一部分。捷克教育家夸美纽

斯按照资产阶级的教育要求，对学校体育进行了系统的论述，并将体育以较成熟的形式引入到学校教育之中。他主张学校应设宽敞的运动场，应开展广泛的体育活动，鼓励学生通过参加体育活动使身心健康发展。夸美纽斯为学校体育的发展做出了重要贡献，被誉为“学校体育之父”。英国著名教育家洛克在其“绅士教育”体系中，明确地把教育分为德育、智育、体育三部分，指出体育是一切教育的基础，使体育正式成为学校教育中不可缺少的独立的组成部分。

19 世纪以后，英国也开始了一系列的教育改革，其中以阿诺尔德在拉格比公学的改革最为成功。他创立了“竞技运动自治”制度，充分发挥竞技运动的锻炼价值和教育功能。通过该项改革，拉格比公学的学生在充满活力的运动场上，自己管理自己，不仅锻炼了强壮的体魄，而且培养了公平竞争、团结友爱、遵守规则、勇敢顽强的思想品德，使校风校纪大为改观。阿诺尔德的改革牢固地树立了体育在教育中的地位，确立了竞技运动的教育价值和社会价值，为奥林匹克运动的兴起提供了适宜的土壤。

四、中国体育教育思想的形成与发展

我国的体育教育思想启蒙于鸦片战争以后，历经了“军国民体育教育思想”“自然主义”体育教育思想和“折中主义”体育教育思想以及体质教育思想和竞技体育思想，发展到现在的多元体育教育思想（包括全面教育、素质教育、终身教育、快乐体育、成功体育等等）。

（一）民国时期教育思想

民国元年，蔡元培任教育总长，当时辛亥革命虽然已经成功，但欧战激烈，外强正虎视眈眈，威逼中华。在这种形势下，蔡元培极力提倡军区民教育，并把它作为教育宗旨之一。他指出：“然在我国虽有强邻交逼，企图自卫，而历年丧失之国权，非凭借武力，势准恢复……则如所谓军国民教育者，诚今日所不能不采用也。”他常以孔夫子“匹夫不可夺志。”“孟子……大丈夫者，富贵不能淫，贫贱不能移，威武不能屈”的古训来唤醒民众自卫，做一个真正的中国人。蔡元培认为：“人以自卫力不平等而生强弱，人以自存力不平等而生贫富。”

以上可见，蔡元培先生对军国民书义的论述，是我国第一个把中国古代体育思想与国外体育思想加以比较总结，在孔子“六艺”的基础上，结合当时的实际提出了更为科学的体育思想，这是具有创造性和实践性的。其目的之一是为了保护国家，维护国权，立中国人可杀不可辱，威武不能屈大丈夫之志。其二是为了发展资本主义经济服务的资产阶级教育，并以此代替封建教育，这在当时是有着何等进步意义的，对中华民族具有不可磨灭的贡献。

（二）自然主义引导下的体育教育思想

自然体育思想源于欧洲文艺复兴运动时期的人本主义教育思想，到21世纪初，已发展成为一套完整的理论和方法体系。其基本思想是：体育教育应以“自然体育”为中心。按自然原则利用自然手段对儿童进行合乎自然的体育教育，体育教育的内容要顺应儿童的兴趣和需要。同时还认为，体育是德育和智育的物质基础，要想使儿童成为一个全面发展的人，就必须将儿童置身于大自然，利用自然条件让儿童自然发展，大自然完全可以承担起教育的使命和职责。上述这种自然体育观，在历史上延续数百年，影响极为深远。它充分肯定了体育在人生过程中的重要意义和作用（如强调体育的社会文化及教育作用，认为体育应为生活服务，应当促进人的个性发展等），并提出了一套自然主义的体育方法，注意到了兴趣和需要（即人的心理）在体育学习和教育中的作用。

（三）折中主义引导下的体育教育思想

折中主义体育教育思想的基本特点是目标多元化，其基本思想是：在体育教育过程中，一方面要坚持“技术观”，另一方面要坚持“体质观”，即认为体育教育一方面要促进技术水平的提高，另一方面还要促进体质的发展，调和折中的思想是试图克服上述两种体育教育模式的不足而各取所长。这貌似有理，实则不然。它在一定程度上导致了体育教育思想的混乱，使人有无所适从之感，且不论大多数人是否需要掌握高水平运动技术，仅就实践来看，既要实现技术水平的提高，又要实现体质的增强，两者确难兼顾。竞技运动和体育可以互为所用，相互促进，协调发展，但两者目的不同，本质各异，矛盾多于统一，冲突大于相容，调和折中的结果是既没能育体，也没能育技，从而也没能育人。这种“等而视之”的思想没能认清体育教育的根本目的和主要功能，同时也忽视了体育教育的教育性。

（四）体质引导下的教育思想

这一思想强调体质的增强，基本观点是：体育教育的目的就是增强学生的体质，增进学生的健康，促进学生的身体形态、机能、体质和基本活动能力等实质性要素的全面发展。体育教育的展开必须紧扣强身健体这一主题，体育的真义就在于增强人的体质、完善人的身体，这也正是体育区别于德育、智育和美育的地方。体质教育是体育成为教育组成部分的前提，这种观点充分认识到了体育教育的特殊功能——增强体质、完善身体，客观上也起到了发展学生体质、增进学生健康的作用，在很大程度上纠正了片面的“技术观”。但这种思想，教学目标过于狭窄，由其衍生而来的教学模式也过于刻板，它过分强调了体育教育的生物属性，过分强调了体育教育的身体发展性，而忽视了体育教育的教养性（知识、技能的学习）和教育性（个性、品德的培养）。脱离教育性和教养性，单纯追求体能的发展和体质水平的提高是不可取的，也是不可能实现的。

（五）竞技体育引导下的教育思想

由于现代竞技运动的飞速发展以及当代奥林匹克运动的迅速崛起，运动竞技越来越多地显示出了其强大的政治、经济、文化等价值潜能，因而受到世界各国越来越多的重视。随着竞技运动的强劲发展，自然而然地形成了竞技主义的体育思想。这一思想认为体育教育完全可以与竞技运动相融合。体育教育的内容、方法、手段应以竞技运动为主，竞技运动不仅可以促进体质的增强，同时还可实现体育的娱乐功能和商业价值，并争得国际荣誉。与“融合论”相比，极端的竞技体育思想甚至认为竞技运动完全可以取代体育教育，认为体育就是竞技运动。上述观点，对促进竞技运动的发展、实现竞技运动的价值具有积极的意义和极大的推动作用，但却忽视了体育教育是面向所有人的全面教育这一事实，否定了体育教育的发展体质，增进健康这一本质，违背了体育教育必须以人为本的出发点和归宿，混淆了竞技运动和体育教育的不同目的和属性。

（六）快乐主义引导下的教育思想

快乐主义体育教育思想以快乐地进行体育学习为核心观念，它强调的不仅仅是手段、内容的快乐，而且强调学习的目的，即追求体育教育的快乐价值。它以养成自发、自主和快乐地参加体育锻炼的态度和习惯为根本目标。快乐体育认为体育具有较强的放松娱乐功能，能消除人的身心紧张和疲惫，体育教育的目的就是要充分发挥体育的这一功能。快乐体育确是一种积极性休息手段，可吸引学生积极主动、自觉地进行体育学习，形成体育兴趣和习惯，发展体育能力。同时，还在很大程度上转变了人们对传统“厚重”体育的普遍厌倦。但如果快乐就是体育的内容、形式、方法及手段的选择标准，那么，体育教育又如何实现其增强体质这一本质功能，如何发挥其有目的、有计划地培养人这一作用呢？体育之所以称为体育，身体负荷必不可少，体育教育功能的实现正是通过身体负荷而实现的。没有负荷的快乐体育是不可能取得预期的体育教育效果的。

（七）多元体引导下的体育教育思想

1. 创造体育思想的产生

创造体育是由现代创造教育应运而生的。创造教育长久以来不曾引起人们的重视，近代的教育更倾向于传授教育，但其有较大的弊端，即浓厚的保守性。而人类的生存和发展所依赖的是其发明和创造的能力，人类发展的历史就是一条发明创造的长河，于是就产生了培养发明创造能力的创造教育。在素质教育的今天，创造教育又赋予它新的生命力。在实践中，人们也总结了相应的创造体育教育。创造体育教育的作用是改变人的思维方法和思维素质。在此过程中，教师和学生在遵循科学的教育和学习规律的前提下，积极开动脑筋，创造各种生活环境，培养学生的创造意识、能力、精神，训练学生的创造性思维，培养学生在体育活动中发现问题、分析问题、解决问题的能力。挖掘学生的创造潜能，开发学生的创造力。为此，在体育课堂教学中老师必须具有创造精神，这样才能培养学生的创造意识。如篮球的一分制，四门足球赛，往返五十米跑等创造教学的成功运用都说明了唯有创造精神，才能取得良好的教学效果。在体育教学中，让学生自己创编徒手操。教师把编排徒手操的原则和方法教授给学生，学生通过思考把学习的理论知识运用到实践中去使每一节体育课都充满了创造，充满了趣味。

2. 终身体育教育思想

1965 年法国成人教育家保罗·朗格朗提出“终身体育”的思想。“终身体育”是培养与发展学生从事体育活动与学习活动的主导能力，让学生学会“一技之长”，养成与掌握终身进行体育锻炼的习惯和方法，使之终身受益。终身体育教育通过身心的调节，达到人与自然的和谐、统一，通过教学实践和部分学生的反馈信息也证明了这一点。

终身体育简而言之，就是体育运动不应该成为人生某一阶段的内容，而应该是伴随人们终身的。换句话说，人们在自身的生活中，能够按照自己的兴趣、爱好选择适合自己参加的运动项目去享受运动的乐趣，还能不断完善自身锻炼的方式和从锻炼中受益，并养成持之以恒终身从事体育运动的习惯。在教学中应尽量以愉快体育的方式进行身体锻炼，使之出现条件反射性的兴奋状态，以利于顺应终身体育的产生条件，成为学生们走向终身体育的起点或一个过程。

第三节　新时期大学体育教育现状与改革思路

随着信息革命的不断发展，知识经济逐渐成为发展的主导形态。高校大学体育教育传统的思想观念中暴露出来的种种问题，必将引发一场以“终身体育”和“终身教育”为主导思想的大学体育教育革命。同时，对学校大学体育教育的价值定位也提出了严峻的挑战。进入 21 世纪，终身体育思想的建立要求我们重新思考高校体育的价值，这是因为：

第一，一劳永逸的体育健身效果是不存在的，要保持体育的健身意义，必须以合理的方法为指导，以正确的体育价值观为动力，保持体育价值的连续性。

第二，体育生活方式是动态的、变化的，它总是同当时社会发展水平和个体成长发展需要相适应。

第三，有限的学校教育不可能学到永恒适用的体育技能。

第四，体育的知识和技术是发展的，必须保持体育学习的连续性。可见，高校大学体育教育内容应以终身体育为指导，培养学生正确的体育价值观和自我学习、运用体育技术技能的能力，养成健康、文明的生活习惯。

一、大学体育教育的发展现状

（一）思想观念的发展

传统的高等教育中，大学体育一直强调内涵的发展而忽视了外延的发展，强调质量的提高而忽视结构的优化。在计划经济的长期影响下，形成封闭的发展模式，造成大学体育的改革滞后于社会和大学教育发展的结果。多年来，大学体育的目标先是重视体质的增强，后来转而重视育人。但是，在涉及德、智、体三方面关系时，大学体育的所谓“育人”在实践中仍然表现为重视增强体质。而且，大学体育的“育人”目标缺乏具体内容，使人感到难以把握。

长期以来，我国大学体育受传统体育教育思想的影响，一方面，过于重视“三基”的创收，存在忽视了对学生体育能力的培养，无论从教学指导思想，还是教学体系、教学方法等方面都缺乏对培养学生体育能力有明确的指导和具体的要求，另一方面，在实际工作中又缺乏培养的方法和手段，尤其是科学锻炼方法是当今大学体育能力中最薄弱的环节。

（二）课程设置构建

课程建设对于大学生的能力培养同样起着很重要的作用。当前我国高校的大学体育课程还停留在以竞技项目为主要内容的传统体系，课程设置已不符合终身体育观念及全面推行学分制的要求。同时，体育理论课及电化教学在多数高校至今仍然是一个空白，对于雨雪天的体育教学没有相应的对策，对于不同专业的学生是否开设不同的体育课程没有作认真的研究，对于是否采取按专业课的办法成立各种教研组实行分类教学也没有做过实践。在教学中以掌握某项运动项目技术为目标，以适应学生为重点，重接受轻创造，最终降低了教学要求和标准，影响了教学质量的提高，使学生的体育能力难以达到新的高度。以致在教学中学生学什么，怎么学，老师教什么，怎么教，教学工作严重被“考试”这一根无形的指挥棒所左右，学生希望体育考试能顺利过关，老师也希望所教的学生都能过考试大关。因此，考试的内容就成了教学的内容和追求，而对于这些大纲中明确规定的教学内容和对发展身体素质、提高体育能力的内容却被抛在一边，使得大学体育教育再度成为应试教育，同时，由于教考不分离，学生和老师事实上都能顺利过关。很难达到在体育教学中培养学生体育能力、意识、习惯和意志品质，体育素质教育就成了一句空话。

（三）师资队伍培养

目前，大学体育教师队伍无论在学历层次还是知识结构层次上，都与其他学科的教师存在差距。现在的体育教师，几乎都是在运动技术教学模式下培养和成长起来的，大多是技术型、训练型的，科研能力普遍较弱，工作随意性较大，一专而不多能，自己专业以外的课程重视不够。这些都是大学体育教育管理、教学、科研等工作以及大学体育教育改革所要解决的问题。

二、大学体育教育改革思路分析

（一）素质教育与大学体育教育

我国大学体育该如何改革与发展，关系到学生体质健康，关系到我国现代化建设的进程。长期以来，教育一直把体育作为与德、智并重的“三育”之一，但在现实的教育中却被教育者和受教育者所忽视，成为“三育”中的薄弱环节。究其原因，第一，对大学体育教育多元化功能缺少理性认识，人为地把德、智、体割裂开来，划清了各自的界限，从而出现了畸形的教育，导致了素质的偏颇；第二，体育工作者在体育教学中往往只注重谈体育说运动议锻炼的常规做法，而没有跳出体育的圈子，限制了体育的广度和深度。只强调增强学生体质，实际上只是一种学生在校期间的急功近利的短期行为，而没有把体育作为在校期间打基础，为学生步入社会，具有勇于竞争拼搏、能吃苦耐劳的基本品质去培养，以掌握强身健体、终身受益不可缺少的能力去认识、去实现。

素质教育就是通过教育培养高素质的人才，是致力于人的全面发展的教育，是培养学生在未来社会中的适应能力、应变能力、竞争能力和创造能力的教育。大学生的素质教育，包括强壮健康的身体心理素质；科学高尚的思想道德素质；宽厚广博的科学文化素质：一专多能的业务能力素质。身心素质是基础和载体，而身体素质的载体则是学校体育，促进学生身心全面发展，提高学生的身体和心理素质，正是学校体育的本质功能和首要目标。现代学校体育的发展进一步表明，体育不仅可以强身健体，而且还能有效地促进学生的思想道德教育，开发学生的智力，提高心理素质，陶冶学生情操，发展学生的个性和适应未来社会的各种能力，促进学生的社会化。体育不仅是素质教育的重要内容，而且也是素质教育的重要手段，高校体育是一门融生理学、心理学和社会科学为一体的综合性学科，在大学生素质教育及未来人才的培养中，起着其他学科不可替代的特殊作用。

针对大学体育教育中存在着的“应试教育”的影响，以自觉的转变观念为先导，进而推进改革深入发展，不断地提高高校体育的质量和效益，在教育对象上要牢固树立面向全体学生，以普及为主的观念，在教育目标上确立以发展学生的体育素质为主，同时促进其他综合素质发展的全面育人观念，在教学内容、教学方法的选择上，确立以学生为主体，促进学生个性发展的观念，从而把国家和社会对大学生的体育要求同大学生个体的体育需要结合起来，把锻炼身体和培养大学生终身体育的意识、兴趣、习惯和能力结合起来，把育人同育心、育德、育智等结合起来，促进大学生综合素质的全面发展，培养其适应未来社会的各种能力。

（二）课程体系改革的思路

大学体育是学校体育的最后阶段，从层次上要高于其他阶段的体育教育，这就要求高校体育要用更高的目标，更丰富的内容，更科学有效的方法，培养出更高素质的人才。为此，体育课程的改革要重视和解决以下几个方面的问题。

1.教学课程改革：理论课教学

体育理论课一直是普通高校体育教学的薄弱环节，学校体育不仅要重视发展学生在校期间的体质体能，还要重视发展学生的智力，重视对学生心理健康和思想品德的教育和培养，以及重视学生体育意识、习惯、能力等方面的培养。多年来，大学生在体育理论知识方面的匮乏，与其在智力方面的优势形成了明显的反差，理论知识是实践的先导，体育理论教学是提高大学生体育文化素养的主渠道，理论知识的教学，要增加体育保健知识、健康知识、心理卫生保健、医务监督，老师通过体育理论课，向学生讲授体育史体育的意义、作用和功能；参加体育锻炼的基本原则和方法；常见运动损伤急救和预防；身体锻炼中运动量的掌握；营养卫生保健知识，以及身体锻炼效果的评价等。使学生对体育加深认识，激发学生热爱体育及参与身体锻炼的主观能动性，使体育成为学生生活中的重要内容。理论教学在时间上要灵活安排，以此来弥补雨雪天气的室外教学，采取老师讲授和电化教学的方式，让学生在学习知识的同时感受体育美，从体育课的内容中去发现美与观察美，培养学生的审美能力和对体育的兴趣。通过观看教学训练录像和国内外重大体育比赛，激发学生的爱国热情和集体主义精神，树立终身体育的思想观念。

2.教学课程改革：实践课教学

在课程设置，要加大终身体育的内容，如健身跑、韵律健身操、健美体操、武术、游泳、滑冰等，要确保实施素质教育的实效性和终身体育思想的贯彻落实，根据地区性、民族性和培养对象的职业性以及大学生的知识层次、生理、心理特点，将实用的竞技体育内容与健身体育、娱乐体育、生活体育、保健体育等现代体育的内容融为一体，使其具有全面性、多样性、和更多的选择性，根据不同的专业设置不同内容的体育课程，从而有利于与大学生时期乃至未来的工作、生活和社会需要相结合。

（三）重点培养师资队伍的建设

加强培养跨世纪的体育教师队伍，是学校面临的一项重要工作。根据当前体育教师的现状，主要工作部署为：

第一，思想政治工作。建立一支政治思想强、业务精、结构合理、相对稳定的体育师资队伍，是普通高校体育教学体系的基础。学校要重视提高体育教师特别是青年老师的思想道德水平，加强思想政治工作和引进竞争机制，坚持爱国主义、集体主义、社会主义教育，引导他们树立正确的世界观、人生观、价值观，加强事业心和责任心的培养，把培养教师为体育献身精神同爱岗敬业结合起来，充分认识体育在素质教育方面的地位和作用，加深认识体育事业功能、目的、意义的理解和把握，增强敬业精神和职业道德。

第二，提高教学科研能力。现在的体育教师多数是技术型、训练型的，必须向教育型、科研型发展。特别是体育教师的理论培养工作，除了有计划有目的选拔中青年老师到院校深造，攻读研究生学位，或脱产培训进修外，主要是搞好体育教师的在职进修，全面提高教师的理论水平，掌握前沿的体育发展成果，掌握现代化的教学方法和教学手段。同时，要纠正体育教师只重视体育实践而不重视理论研究的倾向，建立体育科研机构，把体育教师的科研工作纳入计划，提供必要的设备和经费，聘请专家教授担任学术带头人，鼓励体育教师申报科研课题，支持体育教师参加各种体育研究会和学术交流，为体育教师发表论文创造条件，把教学和科研紧密结合起来，相互促进，共同提高，不断调整、补充和更新知识技能，全面提高体育教师的教学科研能力。

（四）提高硬件设施的科学化管理水平

学校体育科学化管理的内涵是指遵照学校体育活动的客观规律，为实现大学体育教育目标，对人、财、物、时间、信息等诸因素进行调节和控制，以实现体育效果最优化。学校体育教学和各项体育竞赛活动的开展，以及各种设备、条件的有效利用，无不依赖于学校体育科学化的管理。目前高校在体育经费、场地器材等方面还存在着许多问题，仪器设备比较落后，管理不规范。一方面要开辟有效的活动场所，增加实用的体育设备、改善教学条件，另一方面要加强科学化管理，有效利用体育资源，使学校体育充分发挥自身的功能，增加对学生的开放时间，提高服务质量，扩大学校和社会的联系交往，在完成教学任务的同时搞好体育市场的开发。

学校体育要努力适应科技的发展和社会变革的需要，为经济建设和社会发展服务，积极进行教育观念的更新和大学体育教育改革，把学校体育作为学生素质教育的一项重要内容，改革教育模式、教学方法，培养学生终身体育的意识和体育锻炼的能力，养成体育锻炼的习惯，为培养德、智、体全面发展、心理健康、适应能力强、开拓创新的复合型人才发挥作用。

第二章　体育教育的本质与目标体系分析

大学体育教育的本质及其教育价值是一个整体，如果不能理性、客观地认识学校大学体育教育的本质，其教育价值就无从谈起。因此，对学校大学体育教育者来说，需要在深入认识学校大学体育教育本质的基础上，通过各种途径充分发挥其教育价值，本章从而提升学生的身体素质并推动我国体育事业的健康发展。分别从体育教育的本质及教育价值探寻、体育教育的结构与功能分析和体育教育目标体系的依据与构建路径分别上出发进行详细阐述。

第一节　体育教育的本质及教育价值探寻

体育教育是人类社会文明的产物，是伴随着现代社会不断发展而出现的。随着我国教育事业的快速发展，体育教育在我国整个学校教育过程中占据着越来越重要的地位。深入分析体育教育的本质及其教育价值，既是当前推进学校体育教育改革的客观需要，也是有效应对当前体育教育在整个学校教育中面临的一系列现实问题的本质要求。

一、体育教育的本质概述

体育事业发展的日新月异要求人们从广义和狭义两方面去认识体育教育。广义的体育教育，实际上包括学校体育教育和社会体育教育两方面，它是社会文化的重要组成部分，对提高国民素质、丰富人们的日常生活具有重大意义；而狭义的体育教育仅指学校体育教育，是系统的、有组织、有计划的特殊的学校教育活动。主要指狭义的体育教育，即体育教育，对其本质的研究可以从以下三方面来理解。

（一）体育教育是特定的教育活动

一般来说，学校教育是根据一定社会要求，按照一定目的，选择适当的内容，利用集中的时间和固定的地点进行的一种有计划、有组织的系统性地向学生传授科学文化知识的教育。不同于社会体育教育所具有的强烈的竞争性、娱乐性特征，学校体育教育从属于学校教育，一方面从属于教育，另一方面又指向受教育者的身体活动。同时，学校体育教育又主要以在校学生为主要教育对象，以提高学生体质，培养学生运动能力，使其养成良好的卫生、锻炼习惯为基本目标，这是其区别于社会体育教育的重要特征之一。

（二）体育教育是全面发展教育重要组成部分

培养德、智、体、美、劳全面发展的社会主义事业的建设者和接班人，是我国社会主义教育关于人才培养规格的核心表述，可以说，我国社会主义教育的关键特征之一是全面发展教育，而非片面发展教育。所谓全面发展教育主要指教育者根据人才成长规律及我国社会主义发展的根本要求，有目的、有组织地对受教育者进行的促进人的全面、和谐发展，其主要由社会主义德育、智育、体育、美育和劳动技术教育组成。体育教育是全面发展教育的关键组成部分，肩负着为社会主义发展培养合格的高素质人才的历史重任，如果缺少了体育教育，全面发展教育就会失去育人的意义。

二、体育教育的价值分析

体育教育的价值表现在许多方面，如提高学生体质、丰富学生校园生活、调节身心等。综合起来看，学校体育教育的价值主要体现在两大方面，即学校体育教育的个体价值和社会价值。

（一）体育教育的个体价值

学校体育教育的个体教育价值主要是就个体来说的，其主要体现在促进学生身体素质的提高、使学生养成正确的体育观念和陶冶、升华学生的精神世界三个方面。

1.有助于促进学生身体健康发展

增强学生体质，是现代体育教育的中心工作。学生的身体健康受多方面因素的综合影响，体育锻炼是关键因素之一。研究发现，经常性的体育锻炼能够促进身体的生长发育，增加骨骼、韧带的负荷量，增强肺活量和心脏机能，促进大脑皮质兴奋，改善神经系统对各个器官的调节作用，提高机体神经活动的灵活性等。可以说，学校体育教育是促进学生身体良好发育的必要条件之一，特别是在学生普遍存在学业压力大，日常自主锻炼时间被一再压缩的当下，学校体育教育的正常进行能确保学生最低限度的运动量，这对处于应试教育环境下的广大学生来说尤为重要。

2.培养学生正确的体育观念

体育教育在培养学生形成正确的体育观念方面同样意义显著。所谓体育观念，是指学生本人基于自身实践和认识对体育活动及现象所持有的较为持久的心理体验，这种心理体验既有积极的方面，也包含消极的方面。学生体育观念的形成主要基于两个方面：一是学生自身日常的体育实践和体育锻炼；二是来自间接经验，如听别人的讲述等。在学校体育教育过程中，帮助学生养成良好的体育观念是学校体育教育的基本目标之一，教师在对学生进行体育教育的过程中，通过有意识地引导学生，有利于促使其正确理解体育教育的含义，引导其把体育实践课程与体育理论课程统一起来，并通过多种形式，如广播、讲座、知识竞赛等主动获取现代体育观念，进而使其树立正确的体育观念。

3.升华学生的精神世界

体育教育对学生的教育价值不仅表现在提高学生身体素质，而且还表现在使其精神得到不断升华。由于在体育运动过程中，人往往需要承受一定的运动量，这对于学生意志的磨炼、团队协作能力培养和分享意识的提升具有重要推动作用。同时，在进行体育教育时，教师普遍采用集体形式来进行。在这一教学模式下，教育者可以有意识地对学生进行集体主义和意识的教育，使他们能做到团结友爱、互帮互助、服从大局、遵守纪律、关心他人、尊重他人以及谦虚、谨慎。可以说，体育教育的整个过程中无不蕴含着丰富的能够对学生进行精神文明教育和人格教育的各种有利因素，教育者需要及时、充分地把握住这些转瞬即逝的机会，有的放矢地对学生进行教育，从而使体育教育的教育价值最大化。

（二）体育教育的社会价值

体育教育的社会教育价值建立在个体教育价值的基础上，是体育教育的个体功能在社会层面的延伸，其主要体现在以下两方面。

1. 推动社会物质文明的发展

体育教育的社会价值首先体现在其对社会物质文明的推动作用上，这一作用主要是从学校体育教育培养出专业的体育人才，然后作用于社会这一点来说的，体育教育的社会价值具有一定的间接性和延时性。当前，体育教育促进社会物质文明发展的重要标志是现代体育产业的快速发展。

2. 助力社会精神文明的发展

现代体育已成为判断一个人乃至一个国家文明程度的重要尺度之一。改革开放以来，随着人民生活水平地提高，体育已和寻常百姓的日常生活紧密结合在一起，体育运动和锻炼已逐渐成为一种日常生活方式而被人们普遍接受和认同。此外，人们对体育锻炼的热情和投入程度也有了极大提升，体育运动已成为反映我国精神文明建设的一个重要“窗口”。体育教育作为国民体育事业的基础，是一个国家普及体育运动的重要组成部分。目前，我国学校体育教育在促进体育普及、推动群众性体育运动的开展等方面发挥着重要作用，如在《全民健身条例》等文件的推动下，我国许多学校正逐步向公众开放体育设施。总之，学校体育的发展有力地推动了我国社会主义精神文明建设。

第二节　体育教育的结构与功能分析

一、体育教育的结构分析

体育教育是一种有意识、有目的的身体教育过程，所以，体育教育就应该有施教者和受教者。同时，它又需要借助一定的载体即体育教材来达到一定的教育目的，所以，体育教师、学生、体育教育目的及体育教材就构成了一个动态的体育教育的内部结构。下面对这四个构成要素进行分析。

（一）施教者——体育教师的角色

体育教师在体育教育中处于主导地位。有学者对教师的分析，将体育教师在体育教育中的角色大致归纳为六种。

1. 教师扮演传授者角色

教师最根本的职责是育人。体育教师同样肩负着传播知识、繁衍文化、发展科学、培养人才、继往开来的神圣使命和崇高职责。一个教师无论他自己拥有多少知识，都要具备传授能力。自己拥有知识，而不能很好地传授给学生的教师不是合格的教师。体育教育者要把知识传授给学习者，并让他们认识到该学科的重要性。

2. 教学的施教过程

体育课主要在室外或操场上进行，学生须参加各种身体活动来实现课的教学目标。这些动态中的教学活动不仅范围大，且因素复杂多变。一个成功的课堂活动主要在于组织，使学生准确知道他要干什么。在组织教学活动时，教师最主要的目的就是告诉学生要做什么，给学生明确的指导，使他们明确自己的任务，如何开展活动，活动结束后，如何组织反馈等等，可以说整个体育教学过程就是一个组织过程。

3. 教师控制各环节运行

一个教师必须是个合格的控制者，使学生的一切活动都在他的控制之下顺利地进行，任何的疏忽都会使课堂教学效果造成影响。传授知识的时候，教师要多控制；在培养学生能力时要少控制。体育教学的安全性问题是极为重要的，防止外来干预或伤害事故的发生，是一个体育教师重视的问题。教师应做到遇事后能乱中不慌，从容处理，不可失控。

4. 教师与学生共同合作完成授课

从某种意义上来讲，老师又是一个合作者。体育教师应经常和学生进行探讨交流，特别是要保持和学生平等的身份参加一些体育比赛或游戏，不可高高在上，这样可以使学生轻松愉快，解除思想顾虑，在友好的气氛中帮助学生提高技术和学术能力。

5. 教师创造良好的课堂气氛

教师应该创造一个良好的、适合学生学习的课堂气氛，使学生收到事半功倍的效果。写在书本上的体育教学法不一定是最好的方法，适应自己并能带来理想教学效果的方法才是好方法。体育教师应根据教学情况的变化，创造出学生最满意、收效最好的教法和技巧。

6. 教师积极疏导学生心理负荷

体育教学中学生要承受一定的生理和心理负荷。学生在体育学习过程中必定会遇到不少困难和压力，并直接影响体育教和学的正常进行。因此，教师要帮助学生分析造成这些消极因素的原因，并从心理上帮助这些学生，克服妨碍学习的压力、焦虑等消极因素，使他们放下包袱，充满信心，不断提高运动技术水平。

以上关于体育教师角色的六种分析方法，足以体现出体育教师在体育教育中所承担的作用以及在整个体育教育过程中所体现出来的价值。

（二）受教者——学生的角色

1. 体育教学的主体是学生

随着体育教育的不断发展，学生在整个体育教育中所处的地位发生了很大的变化，学生由原来知识的被动接受者（听命于教师，自身缺乏能动性）转变为体育教育的主体，学生主观能动性的发挥在体育教育中的作用他日益重要。所以，体育教师在体育教学中充分发挥教学主导作用的同时，必须充分考虑到教学中学生的主体作用，也就是要考虑到学生的学法，即培养学会“自主学习、自我领会、自我锻炼、自我评价”等学习方法。教师在体育教育教学中，不仅要把学习体育的知识、健身等道理向学生传授，而且要对学生的学习方法进行指导；同时，根据教学需要，还要考虑到学生的个体差异，指导学生结合自己特点制定适合自己的学习目标、学习计划、学习方法、评价标准等。在教师的指导、鼓励等作用下，让学生扮演“主角”。

学生的主体地位不仅体现为学生如何学习以及学习方法的重要性，更多的是体现为教师的教法选择、教学内容的选择、评价的方法等等都要围绕学生而进行。过去，体育教育的弊端在于“教者发令，学者强应，身顺而心违”。满堂灌的教学模式把学生置于“被锻炼、被训练”的从属地位，过多强调的是技术动作的传授与基本技能的训练，忽视学生能力的提高和思维的培养，忽视学生在认识过程中的主体作用，制约了学生思维的发展以及主体性的发挥，所以教师在教法选择、教学内容的选择、评价的方法等方面都要重视学生的主体地位，围绕学生的兴趣、爱好进行开展。

2. 创新的主体是学生

当今世界的主题是以知识和高科技为主的信息时代，而时代的发展又呼唤与之相适应的人才，培养出具有思维敏捷、创新意识、综合能力强的学生是当前体育教育的一项重要任务。于是，在体育教育教学中如何培养学生的创新精神和实践能力应作为发挥学生主体学习积极性的一项重要内容。作为体育教师在体育教育教学中就要有意识地引入创新。事实上，在教学中许多方面需要创新，只不过还没有很好挖掘出来。一个好的体育教师往往在教育教学中善于提出问题，创造情景，激发学生的动机，让学生积极地思考，勤于动手、乐于练习。例如，在对学生进行篮球教学时，学生最感兴趣的动作是行进间三大步投篮，此动作技术对学生来说相对较复杂，按常规教学，即讲解要领、示范动作、学生被动模仿、纠正动作等，需要花费很大精力才能使学生学会和掌握该动作，但只要改变一下传统教法，从启发学生思维入手，采用探究法、发现法、问题法、范例法、实践法、学导式教学等方法对学生施教与导教，就能最大限度地挖掘学生“自我学习、自我思考、自我创新”的潜能。那么，学生学习和掌握这一投篮要领就容易多，学生练习起来就更感兴趣、更投入。实践证明，在体育教育教学中充分发挥学生主体能动作用，并通过学生的思维来解决教学实践中遇到的实际问题，这无疑对学生创新等能力的培养将起到积极的促进作用。

（三）体育教育目标起着重要导向作用

体育教育目的在整个体育教学内部中起着导向的作用，其目的的制定对体育教育有着深刻的导向意义。现阶段，体育教育目的具有增强体质、竞争功能、教育功能、娱乐功能、促进个性发展功能和开发智力等功能。所以，在体育教学内部中对体育目的进行分析时，就必须对这些功能进行理解和概括，只有这样，才能使整个体育教学内部具有良好的动态的体育教育内部结构。

（四）体育教材的配备

体育教材是学体育教育实现的载体。体育教材是连接老师和学生的桥梁，只有这个桥梁是坚实的、牢固的，“体育教育目标”才有可能朝着健康、积极的方向发展，反之则大相径庭。于是在体育教材的安排上就要格外注意，它有别于其他课程的教材，即使其他课程的教材编得没有那么有趣，甚至只有死板的知识点，学生也会去看、去学，但如果体育教材不能引发学生的兴趣，学生就不可能去看、去学。所以，体育教材无论是内容还是形式都需要考虑学生的身心发展特征，充分关注学生的兴趣，吸引学生主动阅读和学习体育教材，使教材成为他们的良师益友。

二、体育教育的功能分析

所谓“功能”是指功效、作用，它是某一事物在环境中所能发挥的作用和能力。体育教育的功能则是指体育教育在一定的环境和条件下对人和社会所能够发挥的作用和功效。研究学校体育教育的功能可以使学生更好地认识体育教育，理解体育教育的功效和作用，从而充分地发挥体育教育的功能，为学生的全面发展服务。随着现代体育教育的不断向前发展，体育教育的功能也在不断地扩展和放大。体育教育作为一个复杂的系统，具有很广泛的功能。根据形式逻辑学原理，对体育教育的功能划分为本质功能和一般功能两类。

（一）体育教育本质功能的体现

在体育教育过程中，人体不仅直接参与一定的体育活动，并且承受一定的生理负荷，这充分体现了体育教育的特殊性，决定了体育教育的本质功能。对体育本质进行了如下概括。

第一，体育教育是全面发展教育组成部分，它具有教育性、教养性、发展性相统一的多质性。

第二，体育教育受一定社会的政治经济的影响和制约，并为一定社会的政治经济服务。

第三，应以多维的体育观和方法论研究体育教育的本质、功能和作用。

这三点对体育教育本质的概括，无论从教育发展方面以及社会经济、政治方面都有完整性的理解，教育应抓其本质对其功能进行研究。结合对体育教育本质功能的理解以及社会的发展、人们对体育的重新认识等因素，体育教育的本质功能做如下解释。

1. 改善大脑敏捷度

进行体育锻炼，可以改善大脑供血、供氧情况，可以促进大脑皮层兴奋性增强，保持大脑清醒；抑制加深，兴奋和抑制更加集中，神经过程的均衡性和灵活性加强，对体外刺激的反应更加迅速、准确；大脑分析综合能力加强，整个大脑的工作能力增强。

2. 促进身体发育，提高发展水平

体育运动能够促进人体新陈代谢，加速细胞的繁殖，引起细胞间质的增加从而使人体的器官、系统结构产生适应性变化和技能的改善。对于处于生长发育关键时期的学生来讲，通过接受体育教育和参加体育运动，能促使其骨骼的生长，使骨骼变粗、骨密质增厚，骨骼抗弯、抗折、抗压的能力增强，这对于学生塑造标准人体形态和促进内脏器官的发育都有着十分重要的意义。

3. 提高人体的机能水平

体育活动能使人体内能量消耗增加，代谢产物增加，新陈代谢旺盛，血液循环加速，从而使血液循环系统、呼吸系统、消化系统、排泄系统的功能都得到改善，如经常活动能使心脏产生运动性肥大，心肌增厚，心壁增厚，心容积增大。在功能上，心肌的每搏输出量增加，而心搏频率减少，出现“节省化”现象。肺的功能也会因体育运动而得到提高，肺活量增大，呼吸深度加深。

4. 提高人体对环境的适应能力

体育活动能增强人体的免疫力，提高对疾病的抵抗能力，还能提高人体适应现代生活的能力。通过体育锻炼，不仅能改善人的机体，提高适应能力，特别对学生来讲，身体的可塑性大，这种提高就更为明显。

5. 调节人的心理，促进心理健康

从事体育运动，能使人的心情舒畅，精神愉快，调节人的某些不健康的心情和情绪。特别是在市场经济条件下，激烈的、有时甚至是残酷的社会竞争和现代社会的快节奏、高效率，很容易使人产生焦虑、不安、抑郁、烦躁、自卑、妄想等心理。因此，及时排遣不良情绪，对身心健康是十分必要的。从事自己感兴趣的体育活动，本质上是一种玩乐，是人的返璞归真，是人的本性的抒发，不仅可以找到儿时的感觉，还可以活跃人的情绪，调节人的精神。体育教育能有效地增强学生的体质，促进学生的身体健康，对促进学生的全面发展有不可或缺的重要作用。

（二）体育教育的一般功能

随着社会的发展以及我国体育教育事业的发展，人们已经逐步突破单一的以生物观看待体育教育的功能，生物——心理社会的多维体育观已经逐步为体育教育界所接受。体育教育的多重功能也被逐步地认识和开发。

1. 教养与培养的功能

教养指的是使受教育者掌握一定的科学概念和规律，并有相应的实践能力，包括知识、技能和技巧。体育教育的教养菜单现为：通过体育教育，使学生学习一定的体育、卫生保健等方面的知识、技术和技能，掌握“三基”，学会科学锻炼身体的一些方法。在这个意义上，体育对学生的智力发展有一定的作用，而且体育教育本身就是一种智力活动。体育教育不是单纯的身体活动教育，还必须在其过程中对学生进行体育基础知识、卫生保健知识等教育。

体育教育的教养功能的另一个表现是：对体育文化的传递。体育文化不仅包括体育、卫生保健知识，科学锻炼的方法和技能，还包括体育精神、体育思想、体育价值观等等。通过体育教育，使学生掌握一定的体育方法和技能，不仅可以自主地参加体育锻炼，另外还可以丰富课外生活和校园的文化活动，可以营造一种健康向上的人文氛围和环境，对学生的成长具有重要的意义。在体育教育过程中，体育文化被一代代传递、延续和继承。同时，体育教育对于体育文化的创新与发展也具有同样重要的作用。

2. 教育培育的功能

对于学生的思想品德教育起着极其重要的作用，能培养学生具有勇敢顽强的品格和拼搏进取精神；在培养学生爱国主义、集体主义精神以及严格的组织纪律性方面也具有重要的功能和作用。从体育活动方面来看，它具有对参加者和参观者进行共产主义思想品德教育的巨大潜力，体育运动已成为新时期对学生进行思想品德教育的良好“载体”，这就是“寓思想品德教育于身体活动之中”。作为教育的一种特殊形式，体育教育的过程同时也是影响学生思想道德品质的过程，这是不以人的意志为转移的客观规律。

体育运动本身就是一个有章可循的社会活动，它对培养学生遵守社会公德和生活准则是一个很好的强化。体育运动是一个特殊的社会活动，它不仅增强体质，而且还创建新的人际关系。在这一过程中，易于树立良好的道德品质观念。当前，我国的现代化建设正处于关键时期，要努力培养具有中国特色的社会主义现代化建设人才，要造就一大批有理想、有道德、有文化、有纪律并能面向现代化，面向世界，面向新世纪的一代新人，就必须牢牢地把握体育教育的德育功能，使学生们在人生观、爱国主义思想，集体主义思想、高尚品质和良好情操等方面受到全面的良好教育和培养。

3. 美育培育的功能

要塑造全面发展的人，审美教育（简称美育）是不可或缺的部分，而体育教育又与美育相互联结、交叉重叠，体育教育中渗透着大量的美育因素。现代心理学认为，人的心理结构由认识、伦理、审美这三大部分组成。从人的身心发展来看，教育目标中“五育”的结构，可将其分为心理发展（德、智、体）和生理发展（体、劳）两部分。前者为精神前提，后者则是物质基础。“五育”目标是相辅相成的有机复合体，各种功能若因偏颇而失衡的话，将会影响整体功能的发挥。所以，美育是培养全面发展人才一个不可缺少的环节。它与智育、德育、体育是互相联系、互相依存、互相促进，相辅相成的。

实际上，体育教育中的美育，不仅有它自身独特的教育手段，而且有其独特的教育功能。学生在体育教学和体育活动中可以感受和意识到三方面的美的现象。

第一，身体美是体育自然美的表现，人的身体生长发育是依美的规律进行的，它表现出身体、线条、姿态的造型美，筋骨、肌肉、肤色的肌体美和生命活力的生气美。人体美历来就是无数艺术家“代代耕耘美的沃土，美的矿源”。

第二，从运动角度可以感受和意识到形态美、跃动美、韵律美、和谐美、敏捷美、柔韧美、力量美。体育中精湛的技巧与身体美、精神美交相辉映，形成一个体育健儿的完美形象。技巧美包括动作协调、节奏明快、反应敏捷等。这些运动中的技战术，把各种精湛的运动绘成动人的画卷，编成美妙的诗篇，如那飞驰旋转的滑冰运动员，转翻蹦跳的体操运动员，勇猛角逐的足球运动员，“横空出世”的跳伞运动员等。

第三，从精神角度可以感受和意识到精神美，可以使体育运动放出光和热。由于体育运动有进取、竞争、对抗、承担负荷、战胜艰难困苦和经受胜败考验等特点，因此它有利于培养人们精神上追求优胜、追求祖国荣誉的理想美，勇敢顽强，坚毅果断，不畏艰难，不怕牺牲，不屈不挠，胜不骄、败不馁的意志美和体验爱国主义、国际主义的情感美。

更重要的是，运动者在运动中可以在身体和精神上得到满足和充实，享受美。事实上，体育中的身体美、运动中的各种美的现象以及精神美是相辅相成，交相辉映，不论是参加者，还是观赏者，都能得到精神调节，使人身心愉悦、陶冶性情，进入审美的境界，培养高尚的审美情感和意识。这种审美意识不是天生的本能，而是人们后天参加体育运动的结果，这正是体育审美教育的独特功能之所在。

4. 心理素养培育的功能

体育“足以调感情”“又足以强意志”。也就是说，在体育运动中包含着情感、意志的教育。意志是自觉地确定目的，并努力克服困难，以实现预定目的的心理活动。良好的意志品质是构成良好的心理素质的要素之一。然而，良好的意志品质不是天生就有的，而是在后天的教育过程中逐渐形成的。培养学生的意志品质，可以锻炼学生的意志，增强他们克服困难战胜困难的信心，并有助于提高学生的学习成绩，促进他们各方面的全面发展。体育教育便是培养学生坚强意志力的最好途径。

5.人文精神培育的功能

体育自诞生以来与人文精神就有着密不可分的关系，人文精神是体育的思想基础，是体育的精神内涵，是体育的生命线，它决定着体育的产生与发展。同时体育也是人文精神的形象体现。体育是一种形象，是人体活动直接创造的形象，在这一点上，体育与舞蹈是相似的。但体育的形象不仅是主物性形象，而且生动地显示着人文精神。总的来说体育源于人文精神，又反过来推动人文精神的发展。

人文精神是人类为争取自身的生存、发展和自由，以真善美的价值理想为核心，而不断追求自身解放的一种自觉文化精神。它是人类社会发展的强大精神支柱，是世界文明的金字塔，是民族守护的不朽长城。因此，在我们的教育中，人文精神的教育是我们教育的重要方面。

学校教育的知识体系是以科学技术层面的知识为主，占据了极大的比重。受这种现象的影响，所以，长期以来体育教育也不自觉地偏向技术单面的知识，如体育技术知识和技能、运动生物科学知识等。而对于体育人文科学类的知识，例如，体育理想、体育价值、体育艺术、体育审美、体育心理等方面的知识传授却十分薄弱。的确，就体育运动而言，最有特异性的知识就是人体运动技术以及有关的游戏规则，其他所有与之相关的知识都是由其本体知识的发展而扩张的。最先和运动技术产生结合的当属人体生物科学的有关原理，从而派生出运动生理学、运动解剖学、运动生物力学、运动医学等等。在体育教育中，运动技术和运动生物科学的教育固然重要，但是必须明确，体育运动的发展，真正起推动作用的并不是运动技术的本身，而是在运动技术后面的人文精神因素。

因此，学校体育教育必须切实加强人文精神的教育，充分发挥其人文精神教育的功能。只有通过不断的学习、不断理解和不断发扬，我国民族的人文精神才得以继承，才能保证民族和国家的持续发展。

6.个体社会化功能推进

个体社会化即人的社会化。社会化是一个人学习他所属的社会中的人们必须掌握的生活技能、行为规范和价值体系，以取得社会生活适应性的过程。社会化是指由生物的人变成社会人的过程。社会化是个体趋同、融入群体的过程。

在人的社会化过程中，体育教育有着非常重要的作用，无论是作为内容还是手段，体育运动都是不可或缺的。体育课堂存在着特殊的社会组织、社会角色、社会活动和特定的社会规范。因此，师生、生生间在课堂社会中发生各种行为，如控制与自控、对抗与磋商、竞争与合作等。而学生从中体验着服从、竞争、合作、展示、成功、失败等，逐步经历着社会适应的过程，并在不断学习、调适的个体社会化过程中提高适应社会的能力。

7. 培养学生个性发展功能

不同的学科对于个性有不同的理解。从心理学角度讲，个性通常指个人所具有的比较稳定的、有一定倾向性的特征的总和，包括能力、性格、动机、兴趣、意志、情绪等等。从哲学的角度讲，个性就是人的个体性，就是人和他人的不同特征，包括生理、心理和社会的特征的总和。有学者认为，所谓人的个性是个体在一定的社会关系中，形成的生理特征、心理特征和社会特征，以独特的方式有机结合而使个体具有的独特社会性。简而言之，人的个性就是个体独特的社会性。

完善学生的个性发展，就是要尊重学生的差异性、独立性和自主性。个性有健康和不健康之分，教育所提倡发展的是学生的健康个性。健康的个性不是天生的，它需要教育的引导、培植和塑造。参与体育运动本身就是一种个性的展示，知识经济的社会，尤其需要独具特色的个性。体育运动恰恰为老师和学生提供了轻松和健康的舞台。作为个性教育的体育教育，一方面在尊重学生个体差异性的基础上，要通过精心设计的各种情况去塑造学生的个性，另一方面还要给学生提供一定自主运动的时间和空间，使他们有可能充分发挥自己的独立性和自主性，在无拘无束的自主环境中磨炼个体。

体育教育的本质功能反映了体育教育的本质属性和特征，而体育教育一般功能则反映了体育教育与其他教育活动所共有的功能属性。这种本质功能和一般功能的关系，反映了矛盾的普遍性和矛盾的特殊性，也是个性和共性的关系。体育教育的本质功能和一般功能并不是孤立存在的，他们是相辅相成的，既相互联系又相互促进，共同完成体育教育对学生的培养作用。多维体育观的确立为学校教育的发展和人才培养指明方向并提出更高的要求，作为学校教育工作的重要组成部分，体育教育更应与时俱进，充分发挥体育的多重功能，为培养高素质全面发展的合格人才做出应有的贡献。

第三节　体育教育目标体系的依据与构建路径分析

体育教育目标是一定社会对体育活动参加者的一般要求，是体育教育工作的出发点与归宿。体育教育目标对于体育教育活动具有鲜明的指向作用，对体育教学原则的确立、体育课程的编制和教学方法的选择有重大影响。以体育教育目的确定依据为基础，论述了体育教育的目标体系，重点强调体育教学目标层次，在此基础上论述了实现体育教育目标的途径。有利于体育教育工作者深刻理解国家的教育方针、体育方针，有利于提高体育教学的导向性、计划性和目的性，从而提高教学效果。

一、体育教育目标体系的依据分析

（一）体育教育目的与体育教育目标的辨析

人们通常从不同的层次来表达体育教育目的和体育教育目标。汉语中通常将“目的”解释为“想要达到的地点、境地，想要获得的结果”；“目标”则解释为“想要达到的境地或标准”。“目的”带有最终的意思，而“目标”则带有层次性、阶段性，如总目标、领域目标等。

教育目的与教育目标是一定社会对受教育者的要求，是教育工作的出发点与归宿。但在教育和课程发展史上，教育目的、教育目标、课程目标与教学目标这些概念一度是相当含混的。直到 20 世纪 50 年代美国学者布鲁姆所奠基的教育目标分类学问世，这些范畴之间的界限才逐步变得清晰起来 . 并得到大部分人的认可。其中，“目的是实践活动主体对实践活动所要实现或创造的结果在观念上建构的预期模型或想象形象。”即体育教育目的主要针对的是学校体育教育应该培养什么样的人，这些人应具有什么样的基本素质和能力，是体育教育活动最终要达到的结果，一般比较长远、抽象、主观和深刻。

我国体育工作者在遵循教育规律的大前提下，结合体育的功能和自身的特点，经过体育教育第一线的长期经验积累和可行性检验，确定出我国体育教育的目的。基本内容表述为：体育教育的目的是促进学生正常生长发育，增强学生的体质、增进学生的健康，与学校各种教育相配合，培养学生良好的思想品德和意志品质，促使其成为具有德、智、体、美、劳全面发展的社会主义建设者和保卫者。而体育教育目标是体育教育目的转向体育教学、体育训练等具体的体育活动时，对体育教育目的的细化。

（二）体育教育目标制定依据

1. 从社会发展水平出发

体育教育目的的制定需要考虑社会政治体制的要求，积极满足人们社会生产和文化生活的需要。这在很大程度上给体育教育目的赋予了一定的政治色彩。制定体育教育目的，必须要考虑社会生产和文化生活的需要。

国家的经济发展状况决定了体育事业发展的规模与水平。长期以来，我国体育事业基本上都是由国家投资，由政府部门实行直接的行政管理，各体育机构的任务、发展目标、人才培养、运动训练和竞赛活动以及所需要的各项经费，均纳入中央及地方政府的计划，实行单一的计划机制。这一机制在很大程度上为国家的体育事业发展做出了巨大的贡献。随着以建立社会主义市场经济为目标的经济体制改革的推进，市场经济大环境和现代体育自身发展的规律都要求将市场竞争机制引进我国体育事业，按照市场取向进一步深化改革。自党的十四大以来，这已经成为体育界人士的共识。在此之后，随着社会主义市场经济体制的进一步确立，我国体育经济发展迅速，体育产业蓬勃发展，进一步促进了我国体育事业的整体协调发展。

随着改革开放的不断深入，我国社会主义市场经济体制不断完善，一个以体育服务为宗旨、以体育经营为手段、以体育产品为内容的体育市场应运而生。此外，举行大型国际比赛所带来的巨大社会效益和经济效益越来越为人们所重视。体育经济成为社会经济发展新的增长点，在社会发展中发挥着越来越重要的作用。随着大众体育和竞技运动的兴起而迅速发展起来的体育经济产业，已成为一些国家第三产业中的重要行业，对国家的经济发展起着重要的促进作用。

我国仍处于社会主义初级阶段，人口众多，人均收入不高，地区间经济发展不平衡，这是制约我国体育事业的发展规模和发展速度的主要因素。目前，我国人均体育场地、人均体育消费和经常参加体育活动的人数还处在较低水平，与发达国家和中等发达国家相比仍有较大差距；竞技体育的基础项目水平不高，总体实力也尚需加强；新的体育体制有待完善，新的运行机制还不够顺畅。我国的体育目的必须依据这样的一个现实状态来确定。

2. 从自身特点与体育本身功能出发

从自身特点与体育功能出发是确定体育教育目的的重要依据，体现人本位的体育价值观。体育教育目的应该具有体育的特性。体育是以身体运动为基本手段，利用自然力和卫生措施等作为手段，达到增强体质、增进健康的效果。体育是通过身体活动的方式进行的，它要求人体直接参与活动，这是体育最本质的特点之一。

体育的功能不仅取决于体育自身的特点，还取决于人们对体育所能发挥作用的认识程度，反映了人们对体育效能的一种主观认识。现代奥林匹克运动会创始人——皮埃尔·德·顾拜旦在其名篇《体育颂》中，将体育的功能进行了综合的分析和表述，其中不仅讨论了体育（奥林匹克运动）对于作为个体的人的作用，也讨论了体育对于社会整体的价值，高度评价了奥林匹克运动在现代社会文明中的作用和地位。

体育的特有效能是指体育最本质和核心的功能，即增进健康、增强体质。正因为增进健康、增强体质是体育事业区别于其他任何事业效能的本质特征，因此，它理所当然地成为确定我国体育教育目的的任务的主要依据。

3. 从人们的体育需求出发

随着社会的发展，人们的余暇越来越多，余暇里的活动内容也越来越丰富，人的需要层次不断提高。体育教育目的必须与人们日益增长的需要相适应。在我国，社会生产的目的决定了体育的发展，同样也必须尽可能地满足人民的需要，这其中必然包含了人们对健康的需要，提高工作能力的需要和全面发展的需要。

恩格斯曾指出："人们已经习惯于以他们的思维而不是以他们的需要来解释他们的行为（当然，这些需要是反映在头脑中，是被意识到的）。这样一来，久而久之，便产生了唯心主义世界观。"与人相关的任何活动都不能脱离人的需要而存在。因此，以人的需要来确定体育教育目的有其理论前提。

需要反映了人们对某种目标的渴求和欲望，它是人类一切活动最基本的动因。

马斯洛把人类的需要看成是一个组织系统，将其区分为生理需要、安全需要、社交需要、尊重需要和自我实现需要五个层面，并且肯定了物质需要的首要性和决定作用。同时，他强调了对人的关心和尊重，看到了需要在调动人的积极性、激励和组织人的行为中的巨大作用，突出了满足人的需要在人的发展中的重要性。尽管马斯洛的需要层次理论并不十分完美，但对研究需要论具有很大的作用。人的需要主要通过工作、学习、生活来实现的。而体育在满足人的不同层次的需要中都能够起到积极作用，不仅能满足物质层面的需求，还能在精神上满足人的需要。体育是满足人们需要的一种重要手段。

人是身体因素和精神因素相统一的结合体，在这一统一体中，身体的健康是人类生命活动和社会活动最根本的基础，因为有机体的所有活动都表现出对身体状态的依赖性。一个人的发展，无论是个性的形成，还是知识的增长，只有在其精神和身体的需要不断得到满足的条件下才能成为可能。对社会而言，也需要对其成员进行身体锻炼，培养出身心全面发展的建设者，为现代化建设服务。而对于个体而言，身体健康的需要，普遍反映在各种不同年龄的人身上。青少年都希望生长发育良好，追求健美的体形；中年人都希望保持高水平生命活动需要，这一需要将随着人民生活水平的提高而越来越迫切，越来越向高一级发展。因此，社会主义国家体育教育目的更应充分体现出全体国民的这一需要。

社会主义国家人民的需要不仅注重物质需要，承认物质需要的首要性，而且也注重精神需要。社会主义条件下人的全面发展不仅限于知识、技能，而且还包括人的精神生活。人的精神生活包括政治、经济、文化、科学和艺术、体育以及在各种各样伦理关系中的精神生活。随着整个社会的发展和生产、生活水平的提高，体育将成为人们日常生活中不可缺少的组成部分，它不仅是生活和精神上的必需，而且对人类来说是一种健康的、有积极意义的享受。它区别于那种单纯追求物质生活的享受。因此，确定体育教育的目的任务，不仅要考虑到人们的物质文化生活的享受。还必须注意到满足人们日益增长的精神文化需要，不断提高人们的享受能力。

当前，随着人们物质生活水平的提高，广大人民群众萌发了参加各种各样体育活动的需要。在确定我国体育教育目的时，一定要考虑社会上各个不同层次、不同年龄、不同职业的人对体育的不同需求，只有这样才能使我国体育教育目的适合我国的国情。

二、中国体育教育目标体系依据分析

（一）体育教育的目标结构

体育教育目标要表达的是体育教育应培养什么样的“人才”，这些“人才”应具备怎样的层次、类型和基本规格；体育课程编写、实施和评价应遵循什么样的要求；体育教学力求达到什么样的效果等等。从这个层面上看，体育教育目标可分为培养总目标、课程目标和教学目标。

1. 体育教育总目标表述

我国体育教育总目标表述为：有效地增进学生的健康；能较为熟练地掌握和应用基本的体育与健康知识和运动技能；形成运动的兴趣、爱好和坚持锻炼的习惯；培养和形成良好的心理品质，提高人际交往的能力与合作精神；提高对个人健康和群体健康的责任感，形成健康的生活方式；形成积极进取、乐观开朗的生活态度；提高少数学生的运动技术水平。

2. 体育与健康课程的有机结合

体育课程目标是学生通过体育课程的学习应达到的总目标、领域目标、水平目标的总称，体育课程目标明确提出了通过体育课程学习，学生应在哪些方面发生什么样的变化。体育教师依据体育与健康课程目标、领域目标、水平目标、学生应达到的基本要求，结合学校学生自身的实际，审视、选择、创编体育运动项目和各种体育活动。

我国义务教育体育与健康课程的总目标是增强体能，掌握和应用基本的体育与健康知识和运动技能；培养运动的兴趣和爱好，形成坚持锻炼的习惯；具有良好的心理品质，表现出人际交往的能力与合作精神；提高对个人健康和群体健康的责任感，形成健康的生活方式；发扬体育精神，形成积极进取、乐观开朗的生活态度。

3. 教学目标的概论

教学目标是教育学双方合作实现的共同目标，教学目标制定的正确与否，既关系到体育教学内容的选择、教学方法的运用、教学质量的评价，又关系到人才培养的质量和教学改革的方向。体育教学目标指的是在一定的时间和范围内，师生经过努力后所要达到的教学结果的标准、规格和状态。它是体育教学的出发点和归宿，并决定着体育教学的方向。体育教学目标是一个多层次的网络系统，这种网络系统可用以下这个表格表述。

表 2-1 体育教学目标体育

总目标	大目标	中目标	小目标
学校体育的目标	各级各类学校体育教学的目标	各年级体育教学的目标	各年级各项教材的教学目标

（二）现阶段体育教学总目标体现

根据我国现阶段的教育方针和学校体育教学的总目标，我国现阶段的体育教学目标是向学生传授体育、卫生保健知识和体育技术、技能，促进健康，增强学生体质，发展学生身体素质，培养学生运动能力和良好的思想品德，使其成为德、智、体全面发展的社会主义建设者和接班人。

三、实现体育教育的基本途径分析

（一）课程功能的育人性

新标准与素质教育紧密结合。体育实践活动为学生的个性发展提供了表现才能的机会。通过学生创造性的学习，激发他们的热情和积极性，培养学生的主体意识、健康意识、探求精神。同时，培养学生的创新精神和实践能力。使体育课程不仅是学生掌握体育基础知识、基本技能的过程，也是其学会学习和形成正确价值观的过程。

（二）课程内容的广泛性

体育课定名为体育与健康课，这不仅是把体育和健康合并起来，而是要在今后的学校体育教学中扎扎实实地贯彻健康第一的指导思想，使学校体育教学从过去单纯地追求身体体质的发展和技术的传习，改变为以新的健康观指导下的体育教学，真正使他们在身体、心理和社会适应能力方面健康发展，课程理念的转变要求课程内容广泛，只有广泛地涉及体育锻炼、意志品质培养和社会适应能力培养的内容，才能真正达到三维健康之目的。

（三）教学过程的新颖性

1. 教学目标的多维性

与旧教学目标相比，新的教学目标的维度和空间明显拓展。新的课程标准根据人体生理心理发展规律，人对认识事物的规律、动作技能形成规律和人体生理机能生理变化规律，以“健康第一”为指导思想，提出了运动参与等的宏观教学目标和层层递进目标，从而使体育课堂教学能实现开发学生智力、体验良好情感，集合运动乐趣、陶冶高尚情操，塑造完美人格，努力实现体育课的启智、求知、调心、育人、健康等功能。

2. 教学理念的创新性

新课程标准树立了坚持“健康第一”的指导思想，通过体育教学促进学生健康成长；通过锻炼激发运动兴趣，培养学生终身体育意识，树立以学生发展为中心，重视学生的主体地位；关注个体差异，满足不同心理需求，确保每个学生受益，这种全新的教学理念，为教学创新思维提供了空间。《课程标准》要求教师在教学准备时，首先要三个清楚，清楚教学的对象是“谁”；清楚应该“做什么”；清楚“做到什么程度”。在实施教学中，要做到五个需要，需要把学生发展放在首位；需要师生在教与学的过程中都要创新思想；需要有养成教育理念和观点，要根据学生的不同需求不断培养学生兴趣和体育意识；需要教与学紧密结合，为学生将来适应社会服务；在教学方法上需要区别对待，在培养学生个性的同时，使每一个学生都受益。

3. 教学形式的多样性

新标准教学内容由学校和教师根据学生的基础、兴趣安排，但其根本思想是“健康和发展”。为了通过体育教学培养学生社会适应能力，教师应根据教材的思想性和科学性，结合心理、情景进行教学，增加学生的互动性，教学的形式将更加灵活和多样化，并将单一教学（统一标准一个模式）变为多种教学（多种方法，多个模式），整体教学（综合效果）和分层教学紧密结合。教师讲解、示范更具有科学性、知识性、启发性、针对性和趣味性。学生练习将更体现参与性、活跃性、自主性和主动性。

4.教学评价的多元性

新课程标准比旧大纲对教学的评价更为全面、系统和科学。它改变了原有单维的、仅仅把运动成绩作为唯一评价标准的倾向，它十分注意尊重学生的个体差异，重视学生学习的进步幅度，学习的努力程度等过程评价。课题标准教学评价包括了：学习评价（体能、知识和技能、学习态度、情意与合作精神）。教师教学评价（职业道德、教学能力、学习和研究能力）和课程建设评价（计划的规范性、管理的科学性、课程结构体系的先进性，师资、场地器材、经费等方面的保障情况和课程目标的达到程度等）三个方面。它体现了定量评价与定性评价相结合、教师评价与学生评价相结合，结果评价与过程评价相结合的整体的综合评价理念。

（四）课外体育活动建设的基本途径分析

1.课外体育活动的基本内容

课外体育活动是实现我国学校体育目标的重要组织形式，它包括早操（早锻炼）、课间操（课间活动）、群众性的体育锻炼、课外运动训练与课余体育竞赛，以及在校外进行的远足、郊游、夏令营、冬令营等形式的体育活动。课外体育活动对巩固运用体育与健康课所传授的体育知识、技能，提高学生的运动能力，培养学生自觉地锻炼身体的意识和习惯，增进健康，增强体质，发展学生兴趣、爱好，丰富学校课余文化生活，提高学生学习和生活的质量等方面都具有重要的意义。体育与健康课与课外体育活动缺一不可，在实际工作中，要密切配合，互相促进、互为补充，共同实现学校体育的目标。

2.设置丰富多彩的课外体育活动

许多学校已经把它规定在每天、每周的课表里，要求学生必须参加。但从目前形式上看，主要靠学校宣传，启发促进学生自觉自愿参加，在选择锻炼项目上有较大的灵活性。

课外体育活动是在课余时间进行的，但为了克服场地器材方面的困难，学校可以有计划地安排一下，使课余性与计划性结合起来，促进课外体育活动的正常进行。

课外体育活动是学生自主、自愿参加的，充分体现了学生的主体性。但这种自主性不完全是自发的，也不能完全从兴趣出发，必须辅之以宣传教育、加强指导。需要将自主与指导相结合。教会学生用运动处方去锻炼和养护自己的身体。

课外体育活动内容丰富、形式多样，可以满足学生对课外体育活动广泛兴趣的渴望和要求。但要考虑某项活动对学生身体发展的效果如何，不能单凭兴趣出发，贪求大全，应因人、因时、因地制宜，做到一切从实际出发，既考虑多样性，又不能忽略效果性。

所谓独立性是相对体育课而言,课外体育活动不完全是体育课的延伸和继续，也不全是体育课的“第二课堂”。但从学生身心发展的需要而言，课外体育活动应补偿体育课学时的不足，促进学生身心的全面发展。课外体育活动的独立性与补偿性是有机联系，紧密结合的。

（五）家庭体育构建的特点

1. 家庭体育的存在意义

家庭体育的内涵是指以家庭成员为活动对象，家庭居室及其周围环境为主要活动场所，根据居室环境条件与成员的需要与爱好，利用属于自己的时间选择健身内容和方法，达到增进身心健康的目的，以促进家庭和睦和社会稳定发展。

家庭体育是人生接受体育的起点，是学校体育和社区体育的基础。家庭体育的意义不仅在于增强体质、增进健康或防病祛病、降低医疗费用，还在于增强家庭凝聚力，促进家庭团结、和睦幸福。家庭体育活动可以增加家庭成员之间的接触，沟通思想，养成相互照顾、相互关心以及正确对待别人和自己等优良品德。在与他人的共同体育活动中，扩大交往，调节情绪，愉悦身心，和睦邻里关系，因此家庭体育有着很强的社会效益。

2. 家庭体育是体育教育重要组成部分

家庭是社会生活组织单位，它把亲情力量与体育活动融为一体。因此，使家庭成为体育组织形式是适宜的、理想的，能做到一人爱好，带动全家。同时，人的喜、怒、哀、乐等情感在家庭体育活动中所起的感化作用，也有着强烈的感染力。人与人之间的感情越亲密，相互之间的情感的感染性就越强，感化作用就越大，它像无声的语言对家庭成员起着感动和感化作用，它是一种潜移默化的力量，在体育活动中起着特殊作用。

人们在家庭里接受祖辈对自己的体育影响，也用同样的内容和方式去影响自己的后代。古今中外有许多“体育世家”“武术世家”都是家庭体育国有继承性的结果。所以，家长的体育价值观和运动技能专长对于子女兴趣爱好的培养，以及传统体育文化的继承，都具有十分重要的意义。

从某种意义上讲，体育是一个培养习惯的过程。如果不能持之以恒，或是要求不一，前后脱节，就会减弱体育活动的效果，也不能形成良好的体育习惯。由于生活环境和成员的相对稳定，人们长时间在家庭环境中进行体育活动，所受的影响要深刻得多，形成的习惯也稳定得多，同其他各类形式的体育相比，家庭体育更具有天然的连续性。

家庭体育的内容是多种多样的，从健身、健美到运动欣赏、运动休闲，从三大球到各种小球，从早晚散步到节假日郊游、爬山，从小孩游戏到老年人的气功、太极拳都属于家庭体育的内容。从内容上看，家庭体育在继承我国传统的家庭体育的内容基础上，可以增加许多西方体育文化的内容，兴起许多有家庭特色的体育项目，大大增强了体育学习、锻炼的实效性。

家庭体育寓于日常生活中，双休日全家参与健身中心的活动，参加社区家庭运动会，假日全家参加体育旅游；还可以参加有地方特色的传统的、民间的体育活动如武术、踢毽子、舞龙（狮）、扭秧歌等，有条件的家庭可以配置家庭健身房，使体育活动不受场地器材的限制，也不受时间、地点、人员的约束。体育手段简单易行，灵活多样，操作方便，省钱、安全、实效。人们可以毫无顾忌地自我锻炼，自我欣赏，使体育活动的生活化，使体育活动更具有趣味性、实效性。

第三章 大学体育教育人文精神的价值及培养路径

大学体育人文精神在大学体育中引领人文教育的发展，是大学体育教育的精神内核，不仅能推进大学生的社会化进程和核心价值观的形成，也能激励大学生全面、综合的协调发展。大学体育人文精神发挥着引导大学体育教育、文化的健康发展以及体育对“真、善、美”价值理想的追求，全面体现了大学体育不同于其他教育的独特风格，彰显了大学体育对人生命存在的意义的终极关怀。本章侧重对大学体育人文精神缺失的原因分析、价值取向、培养路径分析、人文素质教育反思和“中国梦”时代大学体育人文精神的构建与培养做出具体说明。

第一节 大学体育人文精神缺失的原因分析

大学体育价值的实现很大程度上取决于大学体育人文精神巨大功能的发挥。在经济全球化、文化多元化、大数据网络化信息大发展这样的社会转型背景下，当代大学体育的“竞技化”“科技化”“工具化”倾向与价值“功利化”取向日趋凸显，浮躁气息弥漫大学校园，大学的价值理念也被庸俗主义、利己主义、功利主义和工具主义所扭曲，大学生的身心健康受到了侵蚀、健美的身体也渐渐变为服务于工具理性的功利躯体。鉴于此，大学体育教育的“价值理性”被“工具理性”所取代，致使大学体育中人文精神面临严重缺失的危机。

本书目的旨在有针对性地为大学体育人文精神的回归与培养，实现大学体育的目标与价值理想提供可借鉴的理论依据、指导其正确的发展方向。当然，对大学体育人文精神失落原因的探索，不仅要从大学体育教育自身出发，还必须结合社会，从政策、经济、教育等多方面进行理性思考和全面把握。

一、政策因素导向内容分析

大学体育竞赛制度编排与设置的疏漏就社会政策制度的分析而言，制度总是在社会关系中作为内在的一种形式和结构而存在，是社会得以正常运行的保障与基础，在社会形态中处于主体地位，也是人在这一环境中生存与发展的存在方式。

但是，一向注重协调人际关系、处事为人，一向讲求“通情达理、于情于理”的中国传统文化，往往以人情世故的和谐来弥补法律制度的疏漏。这无疑是不可行的。因为仅靠伦理、道德，靠人们的自觉遵守是无法维护起现代社会的精神家园的。引申到学校体育层面，同理大学体育的人文精神在这样一种缺乏保障与约束的环境中是无法发挥其正常功效的。相关针对当前大学体育人文精神缺失成因的政策制度分析就已指出，“十二五”到“十三五”期间，由于大学体育各项政策和相关制度不完善，现行的大学体育竞技管理结构、制度上的各种缺陷已致使大学体育出现“竞技化”“科技化”“工具化”倾向，并最终导致大学体育“异化”。这些“异化”现阶段主要包括：大学体育竞技的理论框架、整体运行机制、分层管理体制、竞赛编排制度与规则不匹配，与现实存在偏差。

此外，在大学体育领域还存在一些与大学体育竞赛相关的其他配套制度、法规（如竞技运动员选拔机制、训练过程管理机制、人才输送体制、财务管理、竞赛监督与评价机制、奖励机制等）滞后于大学体育竞技的发展，主要体现在比赛中有大量高水平运动员参与，使得普通运动员很难在竞赛中取得优异成绩，竞技水平无法跟他们相比，从而影响了普通学生参与大学竞赛的积极性。

当人们的一切体育实践活动都缺乏制度和规则的约束时，那么大学体育人的异化、竞技体育的异化以及不文明行为就有可能出现，甚至会被这种缺陷制度所制约。长期以来，大学体育竞赛都是大学体育竞技运转的核心，竞技赛场通常也是道德问题与“物化”“功利化”等不文明行为的“重灾区”，这些都与竞赛制度的完善程度紧密相关。比赛的编排上如果缺乏合理性与科学性的考虑，那么在很大程度上就有可能导致“消极比赛”现象的出现。因为运动员故意输掉比赛，就可以选择与调控在下一轮次比赛中对自己有利的比赛对手。

但这种现象事实上并非不可避免，只要做到制度上的科学合理，就不会有“消极比赛”情况的出现，体育道德的失范与不文明现象也就无处滋生。

二、经济因素导向内容分析

市场经济是人类社会发展到一定阶段的必然产物。我国已经初步告别计划经济时代，建立起社会主义市场经济体制。然而任何一种经济形态都存在一定的局限性和不完善性，市场经济也不例外。首先，市场经济是一种通过激烈竞争、以追求利益最大化为直接目的，以物质利益的获得来调动人们的积极性与创造性的经济形态；其次，市场经济虽然激励了人们追求利益和创造价值，但也产生了负面影响。它容易使人们忽视长期目标而只着眼于当前利益，只用工具理性的眼光来观察物化层面。而当价值理性的精神层面被遮蔽，对功利的追求就会胜过理想的实现。具体到大学体育人文教育层面，市场经济对它的直接影响在于人们普遍崇拜片面发展的“体育经济人”而遗忘了全面发展的“体育文化人”。

只关注在经济领域内竞争获胜、对物质财富的追求大大超越对审美、娱乐、健康、情感、对生命质量的关注与追求，大学体育的价值理性被工具理性所取代，公平竞争精神遭到无情践踏。正因如此，可以坦言，是市场经济“双刃剑”的作用造成了大学体育人文精神的缺失。这种影响主要体现在两个方面。

首先市场经济对大学体育人文精神建设具有一定的积极影响。它倡导在大学体育文化实践中讲究义务与权力的均衡，充分尊重学生个体在生存、发展以及自由方面的选择权，增强了他们的自由民主意识、团结互助与公平竞争意识，有利于对人身依附的摆脱，促使他们在公平竞争与团结协作的体育实践中形成独立的人格。

其次是市场经济对大学体育人文精神建设的消极影响。这种消极影响主要表现为“两面性与冲突性”。在市场经济利益机制的运行驱动中，重点凸显的是功利性和物质性，道义被抹杀，人的本质被“物化”；大学体育主体的自主意识在市场主体的能动性中被赋予，同时这也对集体本位造成重大冲击。

市场文化的多元性虽然对大学体育精神文化内容的丰富多彩性有促进，但又在导向上加大了难度；市场法制规范虽然强化了大学体育管理、法规的制裁作用，同时也忽略了大学体育人文精神内在约束的作用。

三、教育因素导向内容分析

以追求人的全面发展为终极目标、关注人的生命意义与价值理解，是大学教育的基石。多年来，人文教育的缺失是导致我国大学体育人文精神缺失的最直接原因。主要表现在以下几个方面。改革开放以来，“科学技术是第一生产力”，使迅速实现工业化发展成为中国科学教育的首要目标。

由此，科学教育在各大高校中迅速发展，在大学体育教育体系中也取得了举足轻重的地位。此时中国的大学体育教育出现了明显的“重智育轻体育”“重技术轻人文”“重竞技轻健康”“重体格轻人格”的错误倾向和高度专门化的弊端。

这种高度专门化不仅使学科门类分家，使学科专业过细过窄，形成“专才教育”模式，更使体育的审美价值趋向边缘。特别是科学技术催生下的运动成绩的更新，运动技能已被演化为媒体传播的技术展示，使大学体育竞赛演化为科技的较量，大学体育教育由此变成了可有可无的“体力教育”与“体质教育”。

目前学界对中国社会大学体育教育是否存在科学主义，以及如何界定大学体育教育中的科学主义等问题众说纷纭，存在争议。主要表现在：体育科学教育在大学体育教育系统中占有较大比重，是体育人文教育难以相比的。

遮蔽大学体育课程中人文教育的缺失，除体育课程科学化所致的体育课程人文性消解或被遮蔽外，也表现在体育人文教育课程内容比例的减少。

现实大学体育课程的开设中有不少高等院校砍掉了体育课程中的人文教育内容。这还不算，问题的关键还在于体育中少有的人文教育课程，已被身体素质、运动技术、项目技能水平测试以及各个量化指标所取代。在“科学化”的遮蔽下，我们基本上可以说，人文教育已名存实亡。在科学化的标尺量度下，工具理性排斥了体育的价值理性，体育中的人文精神也不可能发挥其应有的价值和作用。所谓体育课程科学化是指在体育教学中被称为“唯理性教学模式”。

在教学实践中它只关注人的生物性的生理负荷，如心率、脉搏曲线的变化，对学生的体育行为与人文素养关注甚少。

学生的身心健康、体育审美、体育人文价值观在运动实践中几乎被遗忘。这种教育模式重智商的提高，而忽视对情商的培养；重知识技能的传授，忽视个性发展与人格的塑造。而更令人遗憾的是，这种教学模式已然在各级各类大学的体育教学中占据主导地位。我国大学体育课程受课程“科学化”的影响，多以项目技能、技术和健康等自然科学知识为主导，缺乏运动处方和体能适应协同发展的指导。只有少数大学开展体育人文类知识专题讲座，大部分高校体育实践课都以单独开课为主，体育课程在对教学水平的分级上，只重视对运动技能技术的掌握，缺乏对学生公平竞争、团结互助、敢于胜利、顽强拼搏等综合素养的培养，这种严重的教条形式主义导致体育课程呈科学化倾向。

我国大学体育人文教育的缺陷遮蔽了体育人文精神功能的发挥，造成体育人文精神教育被“科学主义”所吞噬的尴尬现实。正如有的学者所言，“当前大学体育人文学科边缘化和人文精神缺失的危机，不过是体育自然学科（运动生理生化、运动解剖、体育统计）对于体育人文学科的排斥的结果”。

在这种“生物体育观”指导下的体育课程，存在着对身体摧残和人性扭曲的隐患，遮蔽了大学体育课程中的“人文性”。这样的教学活动不仅使学生的主体地位与参与权力被剥夺，独立自主的个性发展与创造性思维被压抑，团队协作能力的培养更是无从谈起。

人文教育的政治化造成大学体育的人性空疏在中国漫长的发展历程中“政治化与意识形态化”早已根深蒂固。“道德实质上乃是政治”的理念，早已将知识分子与政治权利、国家同构在同一高度的关系之中。正因为这种同构关系的存在，所以我国古代教育的主要内容被确定为培养人的礼仪心性。而教育本身，人文教育于是也就形成了“政治化”“意识形态化”倾向。这样的情形在近代虽然经实学思潮“西学东渐”“废科举兴学堂”以及科技革新的冲击与碰撞有所改观，但本质上没有太大改变。即使在中国多元化的现代社会，体育教育发展史上的体育人文知识、体育人文教育功能的“政治化”“意识形态化”也没有寿终正寝。人文教育与政治同构的这一传统故而保留至今。

这种人文教育政治化、意识形态化取向的背景下，使得当前体育人文教育俨然变成了一种摆设。此外，在教育因素中，大学体育的培养对象——学生的价值观念异化也是造成大学体育人文精神缺失的重要原因之一。一方面学生受功利主义、利己主义、享乐主义和拜金主义的影响，另一方面，一些学生整天沉迷于酒吧、KTV、网吧、网络游戏等虚幻的精神娱乐消遣中，把现实生活与历史赋予的社会责任遗忘在虚幻的世界中。在这样的环境中不仅没有学到全面的运动机能和体育健康知识，更没有充分锻炼好自己的身体，甚至将大学体育健康课作为一种负担，从而最终影响了他们自身的身心健康与社会健康的和谐发展。

第二节　大学体育人文精神的内涵诠释

精神在《辞海》里的定义有两种可取：即人的意识和内容的实质。如果把这两方面含义结合起来进行理解，就可以认为精神有广义和狭义两种："广义的精神"指人的意识、思维活动和一般心理状态；"狭义的精神"指人们的思想意识中所包含的精要、精华或实质的内容。"在宗教信仰者和唯心主义者看来，精神是对意识的神化。唯物主义者常把精神与意识的概念等同起来使用，认为它是物质的最高产物。"

一、体育人文精神的内涵

当前对于人文精神内涵的界说，可谓是众说纷纭。有人认为："对人的关切，尤其是对普通人、平民、小人物、无依靠人的命运和心灵的关切，也是对人的发展和完善，人性的优美和丰富的关切"。在了解这一内涵之前我们首先要对于人文这一概念进行剖析，虽然至今尚无明确严格的定义，但《辞海》解释说："人文"今指人类社会各种文化现象。在中国传统文化中，"人文"与"天文"相对应。"人文"源于《周易》："文明以止，人文也。观乎天文，以察时变；观乎人文，以化成天下。"在中国，学术界往往把研究社会现象和文化艺术的学科统称为"人文学科"，在西方这个词源出于拉丁文"humanity"，意思是人性和教养。对于"人文学"及其蕴含有过精辟的论述："人文学不是一门求'知'意味上的学问，它并非与知识无缘，但其归趣毕竟在于"觉"心动之于外向度而有认知之学，心动之于内向度而有觉悟之学。以认知为主导的学问是科学，以觉悟为主导的学问是人文。

“出于对人生意义的眷注，去反省、领会以图矫正或倡扬人的实践行为、精神行为中的态度是人文学的本分，正是因为这个本分，它把自己同种种社会科学区别开来”。在他看来，人文学实际就是关于人的生命祈向或价值取向之学。由此可见，人文指在一定区域内，一个民族或一个阶级的人们在特定的历史和文化背景下对某种价值取向的认同，尤其是对人的价值、人的生存意义的一种共同取向和判断标准，表现在个体身上就是对人生意义的态度和理性追求。强调“人文”的核心就是“以人为本”，重视人的价值。

人文，就是要满足个人与社会需求的终极关怀，是要关心人、集体、社会、民族、国家、世界，是人的精神世界的需要，是人要成为“人”的精神需要。反之，人不成为“人”，人类社会也不复存在。丧失了人文，就是丧失了人性，就是丧失了“人”。人文不但直接关系到人性，关系到做人，而且深刻影响着灵性，影响着创造性，最终影响到做事。爱因斯坦曾经指出：“科学研究中真正可贵的因素是直觉；物理给我以知识，艺术给我以想象力，知识是有限的，而在艺术中开拓出来的想象力是无限的。”在此基础上，彭加勒也指出，“逻辑是证明的工具，直觉是发现的工具。原始性的创造都属于直觉，都依赖于右脑。而右脑的思维又是与文学艺术活动有关，即同人文思维有关”。人文还严重关系到民族存亡、国家强弱与社会进退。

（一）人文精神的概念界定

人文精神是指对人的生命存在和人的尊严、理想、价值的理解与把握，以及对价值理想或终极理想的执着追求。人文精神既是一种形而上的追求，也是一种形而下的思考。儒家代表的是一种涵盖性很强的人文精神，儒学思想文化作为中国传统文化的核心，其人文精神的资源表现在忧患精神、和合精神、人本精神三个方面：

1. 忧患精神是关怀、命运以及使命意识的表征

儒学思想中忧国忧民的忧患意识，是对于国家生存和人民生命的关怀，是对个体和整体（整个人类生命）存在的命运，未来变化和责任及使命意识的表征。孔子讲“君子忧道不忧贫”，这科“忧道”的积极人世品格，使“差”的精神得以提升，并与“仁”相结合。这种忧患精神是对国家民族人文关怀的博大情怀；

是面临困境绝不屈服、不畏艰难的积极参与、敢担当责任的精神；是救民族于危亡、救人民于水深火热而敢于牺牲奉献的精神；也是“居安思危、处兴思亡”的辩证理性精神。

2. 和合精神是儒学思想对人生存的思考活动

和合是儒学思想中对人的生存意义的思考活动，它是儒学所普遍认同的理念，并纵横贯穿儒学演变的全过程，尽管先秦以后有断裂，但现在仍然有传承，它统摄社会伦理道德、价值取向、心理结构、行为动机、思维方式及其审美情感等。儒学和合精神是其价值理想，既是宇宙精神，又是道德精神，是天道与人道即“天人合一”的精神，是人与自然、人与社会、人与人之间、人的自我心灵冲突融合而“和合”的精神。目标是最终达到“人和而天和，人乐而天乐”的天人和乐的“和合”境界。

3. 人本精神是人们对人世探求和处理活动的集中体现

在中国传统思想文化中，存在着一种人本主义倾向，这种人本主义不同于文艺复兴以来西方那种反对神本主义，讲究独立人格，天赋人权，强调个性解放，带有强烈的个人主义色彩的人本主义。中国古代的人本是指以人为根本，肯定人在自然社会中的地位、作用和价值，并以此为核心，解释一切问题；在解释一切问题过程中体现出人在宇宙中的地位、作用和价值，强调人的尊贵性，便构成一种人本精神。中国在古代就有“重人”的纪录，非常强调人重于神。

具体来说，人文精神就是人们对人世探求和处理人世活动的理想价值、追求和行为的集中体现，是对探求人世活动的成果在精神上的升华，其核心是以人为本位，强调人的尊严和价值，重视对人的关怀，是人性和人的本质的体现，以人为对象，把人作为主体存在，注重人性的提升，注重人的生命意义和价值，引导人们在自由创造和自我完善的过程中逐渐达到“真善美”的理想境界。

“讲世界观、人生观、价值观，就讲到了人文精神。人的意义，人生的追求、目的、理想、信念、道德、价值等，这里面的高尚的、善良的、健康的精神，就属于我们要发扬的人文精神。”人文精神主要是通过人生观、价值观、世界观、人格特征、审美情趣等体现出来，要达到提升人文精神的目的，必须要实现人文教育。

（二）人文精神的特征表现

人文精神回答的是人的实践活动的目的性问题，它把人们进行生产实践、社会实践和科学研究的目的，归结到为了人的生存和发展上面。因此，人文精神的特点主要突出人类的和谐和关注人与自然的和谐这一大主题。有以下四种特征：

第一，人文精神的核心是以人为本。以人为本，即承认和尊重人的主体地位。主张人是自己的主人，是万物的尺度，是目的而不是手段；主张人的自由，追求人的全面发展和幸福；主张尊重他人、以诚相待、平等相处。

第二，人文精神具体形式的多样性。精神需要以文化为依托，由于世界文化形态的多样性，人的需求同样具有多样性，人文精神的具体形式必然也具有多样性特点。这种多样性主要表现在东西方人文精神在宏观上的差异，也表现在同一个文化体系中的制度层面、观念层面、行为层面和环境层面的人文精神的微观个性差异。而且，在同一层面的人文精神，如在制定层面上，也有教学管理制度、财务制度、科研制度、服务制度等多种多样的人文精神。

第三，人文精神具有普遍性。人是世界的主体，人类的一切活动归根结底都是为了满足自身的生存和发展需要，是实现人的自身利益，所以，基于人的需要和利益之上产生的人文精神，是人类面临的共同精神。尽管在不同的历史时期、不同社会条件下有着不同的发展需求与风俗习惯，但在人与人性的问题上，在关爱人、尊重人等方面却是共同的，普遍的。

第四，人文精神具有时代性。人是具体的、历史的，因此，反映人的需要的和利益的人文精神也必然是具体的、历史的，具有强烈的时代性。主要表现为：人文精神是时代的产物，不同时代具有不同内容的人文精神；人文精神要随着时代的进步而不断发展。要研究人文精神，必须注重当代人的生存和人类未来发展的需要。

二、体育人文精神的意义

无论是中国古代的人性学说还是西方的人本主义，都是把人的本质归结为自然本性，始终没有揭示出人的社会本质。马克思则提出要从人的社会性看人的本质和人性。他说：“人的本质不是单个人所固有的抽象物，在其现实性上，它是一切社会关系的总和。”把劳动实践当成做人需要学习的首要基本观点，以此来理解人的生存和发展，这是马克思人学思想的基本特征。人类文化中的人文精神，通过体育这种特殊的行为方式在人类活动中的全面展现，就是我们所说的体育人文精神。它既是一个发展的概念，又具有不同的时代内涵，但无论存在于哪个时代，体育人文精神的核心都应是人性和人的本质的体现，即“以人为本”。

（一）人文精神在体育范畴里的概念界定

人类文化发展是人文精神的核心，是把人作为主体存在的一种文化思想现象。在生命过程中追求一种健康与和谐的生活方式。虽然要确切给出体育人文精神的定义非常困难，但我们可以将体育人文精神归纳出以下四层含义：一是价值观层面的含义，即对“公正、公平、正义”等重大价值的渴望与呼唤。这是体育人文精神的初始目的；二是道德层面的含义，即对“道德行为、道德修养、道德信念和道德人格”的看重与追寻。这是体育人文精神的理性基础；三是科学层面的含义，即对知识、科学、真理的重视与求索，对体育本质和客观规律及真理的追求。这是体育人文精神的发展目标。四是主体层面的含义，即对人的主体性的肯定，从人本身出发，也就是对人的幸福和尊严的追求。这是体育人文精神的本质所在。因此，我们可以总结为，体育人文精神是一种体育文化的理想体现，它追求“真善美”等崇高的价值理想，以人的发展与和谐为终极目的，关注人的存在、意义和价值。

在当今社会生产力迅速发展、社会生活水平日渐提高的信息网络时代，体育人文精神表现出应有的内涵：以人为核心，关爱生命、维护人的尊严、尊重人的个性需求与选择，通过体育活动方式，全力促进人身心的健康与快乐，尽可能地促进人的全面、和谐发展。对人类自己的关怀而言，其主要表现为对人类的生存与发展的基本关怀。用哲学的观点来思考人生命的意义和对人的价值关怀，才能实现对人类自己的全面的真正关怀。体育人文精神还体现在培养有责任感的社会成员，即“由自我关怀到关怀他人，把同情感从家庭、学校、社团扩大到社会、国家以至于世界”，去理解天地万物的协调一体。由此，体育人文精神的内涵可以确定为对人的基本生存与发展的关怀，对人类自身身心健康的关怀，通过体育优化人的生活方式对人性的弘扬与追求。当然，体育人文精神对人的生存健康维护的前提是人的生存意义，首先要得到人文价值的关怀，否则体育的未来发展也会误入经济主义、享受主义的困境。从这个意义上说，它对人的生存健康的维护有赖于哲学对人的生存意义的关怀。

总而言之，体育人文精神作为体育文化的核心精神，是从体育文化心理层面表现出来的文化精神的总和，它的实质是以追求真、善、美的价值理想为核心，以人的健康发展为终极目标；以人为本，优化人的生活方式和在体育中对人性的弘扬与追求，关爱人的健康和生命的自由与文明的精神。

（二）体育人文精神特征表现

体育人文精神是人在社会实践过程中创造出来的，是人类智慧和创造力的反映。不同的地域环境、不同的文化区域、不同的民族文化，对体育人文精神的形成产生不同的作用和影响。因此，体育人文精神在满足不同文化背景人们的需要时，形成不同的个性特征。

1. 体育人文精神具有民族性和时代性特征

体育人文精神的民族性。它是指体育人文精神在一个民族的发展过程中，形成的与其他民族相区别的、本民族群体共有的特征。它体现在各个方面，形成一种习惯、制度、规范，融入一种文化，传承民族特色，使之做出符合本民族体育价值观和民族体育心理的精神选择。如：武术的动作结构、技法等体现它的中华文化特征；相扑运动的特点反映了日本民族自大意识；瑜伽的技法和理念反映了印度的民族体育特征。在套路演练过程中也是强调对中华民族精神“意境”表现的一种反映，正是这种对本民族文化与传统的反映，使中国武术形成了有别异国体育人文精神的民族性。正因如此，外国运动员在了解中国民族文化之前，很难掌握中国武术的精髓——“精气神”，通常只能机械的套路模仿。

2. 体育人文精神具有积极性和先进性特征

在体育实践中，参与者能在运动中得到一种自我实现或自我超越的体验。其他文化形式中这种体验的获得人群的范围是狭窄的。体育人文精神的积极性和先进性决定了体育在大众社会中的重要地位。体育始终用自身的文化优势来改善大众文化。大众文化的普遍性使得社会普遍接受，这既是其优势也是其局限性。美国的纳德·罗森贝格把大众社会文化的弱点总结为“单调、平淡、庸俗和丧失人性，以及在富裕生活中所产生的诱惑和孤独感”。从世界各国的实践情况来看，体育成为充实大众文化、引领大众文化健康发展的主要手段和方法，促进大众文化生活的健康发展。在现代社会大众文化中，体育引领的健康向上的大众文化生活环境已成为人们社会文化生活的重要组成部分，体育积极向上的人文精神融入人的生活形式——健康的生活方式。有些大众文化的精神品位不高，其中庸俗文化气氛相当浓厚。当然我们不能认为这仅是某个国家或者某个地区大众社会的事，在世界范围内大众文化普遍都存在着庸俗文化的内容，只要用积极向上的、先进的文化形式来引领它，不断强化先进的文化精神，这些庸俗的内容就会不断弱化。尤其应该用诸如体育人文精神去整合大众文化，使其提高文化的“免疫力”。实践表明，政府和文化主管部门如果用健康、积极的高雅文化去整合大众文化，对和谐健康的大众文化环境的形成会有很大的推动作用。

3. 体育人文精神具有泛道德性的特征

泛道德性的事物，有利于在人群中传播，容易形成普遍的认识。体育人文精神的泛道德性使得主流思想在群众中更好地传播，使其形成共同的认识。从古到今，政治家都十分重视它的泛道德性，常常利用体育精神、文化来传播其理念，宣传统治阶级理想，主导社会主体思想，为其统治服务。这一泛道德性首先表现为对自身的道德监督。比赛规则中与道德有关的条款如：反兴奋剂、惩治体育舞弊、反对有悖于竞赛规范行为等都是其泛道德性对自身监督的表现。所以，未来将借助体育立法来解决体育泛道德性约束之外的不道德行为。当然，体育人文精神的道德约束力也是有局限性的，并不是所有体育现象中的问题都能解决，包括体育本身的道德问题。因此，体育立法是体育人文精神发展到一定阶段的必然结果，通过具有强制实施力的法律去规范体育发展过程中现在和未来出现的问题。但是在现行的社会条件下，体育立法的作用并不明显，或者说它只能在一个国家、一个民族、一个共同体内部起着作用。目前世界上没有一部通行的体育国际法，法律的实体作用仍局限于国家之内。值得注意的是，不能因为体育人文精神具有泛道德性而认为体育就是有阶级性的。在体育的本质中并无阶级性，只是在社会发展的历史阶段中，体育人文精神的表现形态、社会文化功能等方面存在着阶层，并随着体育人文精神要素的不断更新而发展。

4. 体育人文精神具有依赖性的特征

在人类社会早期，体育还孕育在人类的自然生活中，体育人文精神也孕育在宗教活动、军事教育等人类社会活动中，是一种不独立、依附的形态。体育人文精神的价值也不能独立地体现出来，必须依赖其他的文化形式表现出来。如：祭祀、娱神中的舞蹈和竞赛活动，没有宗教文化显然就失去了人文精神存在的载体和基础；君子七技中的“骑、棋、射”离不开封建等级的教育制度；军事体育离不开军事实践。体育人文精神其形态在独立之前对社会文化中的主要文化情结都表现出很强的依赖性，尤其是体育人文精神表现行为层面的依赖性更强。即便是体育人文精神已经成为现代精神文化交流的重要组成部分，比如：人文奥运精神对社会价值观、伦理、审美的依赖，组成社会意识形态的思维方式。价值观念、行为规范对奥林匹克运动精神的影响和支撑作用是不可低估的。

三、大学体育人文精神的内涵诠释

大学体育人文精神就是人文精神在大学体育实现自身价值过程中的表现。就是指大学在一定的社会历史条件下，为实现教育目标，在长期的大学体育实践中逐步积淀、整合、提炼出来的，反映大学广大师生员工共同的健身目标、理想、信念、体育传统和行为准则的价值观念与群体意识。具体来说就是围绕大学教育的总体目标，通过体育这项基本的实践活动过程，在大学体育执行它的任务中表现出的一种以大学生为根本，对他们身心健康、基本生存与发展的全面关怀，通过大学体育实践活动优化他们的大学校园文化生活和对其人性的弘扬与追求；它的实质是以追求“真、善、美”崇高的价值理想为核心，以大学生的健康、全面发展为终极目标；崇尚关爱人的健康和生命的自由与文明的精神。

大学体育人文精神往往表现为具有较高文化水平层次的体育及其相关活动。这是由现代大学的本质——传承文化、培养人才、科学研究、服务社会所决定的。因此，大学体育人文精神也应表现为围绕体育文化而进行的传承与融合，创新与应用等活动，并且这些活动还必须具有较高的体育文化层次与水平，否则将无法与“大学”或“高等教育”相匹配。同时，这些活动也才能成为大学（高等教育）与体育相结合的纽带。

通过大学体育人文精神的建设，增强大学生的竞争意识，激发他们的进取心；培养他们的坚强意志，提高他们克服困难的信心和勇气；培养他们的团结协作精神和遵纪守法的品德；培养他们的创新欲望，以创新的精神来汲取知识和技能，以更好地体味大学生活，面对社会。在大学体育培养的目标中，人文精神的弘扬，超越自我精神的宣传、人类“更快、更高、更强”理想的追求，团结奋斗的赛场精神的赞许，公平竞争和拼搏奉献等精神的培养，都体现了现代大学体育对大学生体育人文精神的涵养作用和相应的要求。大学体育人文精神的建设主要是通过大学体育课程与大学体育竞技即大学高水平运动队的训练与竞赛两个途径来实现。

第三节　大学体育人文精神的价值取向

随着人类文明的进步和社会文化的发展，任何一种文化都不可能独立发展或孤立存在。东西方文化与国际文化之间的交流与合作已成为无法阻挡的主流。作为文化重要组成部分之一的体育也不例外，东西方体育文化都是人类共同的文化的结晶，是人类物质文明与精神文明相互交往的结果，从文化的角度研究对中国传统体育的继承和西方体育的借鉴，有利于加强不同背景体育文化之间的交流与合作，通过相互吸收、相互借鉴、互补优势，有利于更好地传承中华体育文化、更好地发展世界体育文化，促进体育文化的全球化与多元化发展，以达到人类文化的共同繁荣。

一、人文精神的价值发展路径

人文精神的价值是一个历史的范畴，认为人文精神的价值在历史上总是变动的，也就是说，人文精神的作用虽然在历史上变化着，但却有着最为核心的作用，这些作用是相对稳定而较为恒常的，而不同历史时期的人们也大致承认这些作用，使这些作用成为人文精神的基本作用。主要包括：第一，探讨人的本质；第二，建立价值体系；第三，塑造精神世界。这三个方面的作用，可以说是人文精神最为核心的作用，也是人们对于人文精神作用的基本需要和基本评价。这些就构成了人文精神的基本价值。

（一）人文革命存在的实践活动

人之所以为人、人之何以为人的问题，是人们在自己的生命历程中必然会碰到的问题，甚至是人们从小时候起就必须要思考的问题。对于这个问题，有些人通过自己的人生经历，通过在人生经历中对生活经验的体验、感悟、觉解，从自己的生活实践中能够逐渐悟出这些道理，成为一个真正的人。但是更多的人则是通过人文精神的教育、学习、实践来懂得这些道理的、古今中外的人文学者们都承认过这一观点。中国古代哲学家王安石就鲜明地昭示了人文精神的这一基本价值。

（二）揭示人的存在与活动的意义

通过揭示人的文化生命的存在与活动，使人了解人之所以为人、人之何以为人，最为关键的是阐发人的存在与活动的意义。只有揭示人的存在与活动的意义，才能使人们真正明白人的文化生命的存在与活动，也才能做出正确的价值选择，建构合理的价值体系。人文精神的这一基本价值，也是通过它的不同分支学科来实现的。这里先以文学为例，来阐发人的存在与活动的意义。

它是通过对人的文化生命的存在与活动的现象描述，通过人物、抒情、故事，来阐发人的存在与活动的意义，宣示某种价值取向或批判某种价值取向，从而确立某种价值体系或解构某种价值体系。在此，文学家尼采说：“它是在死亡面前重申生活的意志，和这样一种生活的无穷无尽的欢乐。”因此，马克思说：“普罗米修斯是哲学历书上最高尚的圣者和殉道者。”而用汉密尔顿的话说：“埃斯库罗斯等悲剧作家笔下的每一个词都是思想火花的象征符号。人的性质的全部哲学都体现在人们的语言中。”

（三）建构以意义为中心的精神家园

建构人的以意义为中心的精神家园。精神家园是人的文化生命的“家”，然而，精神家园对于个体的人来说，不是先天就有的，不是与生俱来的，而是在后天生活、实践中逐步建构的。同时，人的精神家园也是丰富多彩的，包括了价值体系、精神境界以及性情、修养、气质、人格等多层面的内容。人文精神对人的精神家园的建构作用，也正是通过对这些不同层面的建构中体现出来。首先，人文精神通过对人的存在与活动的意义的阐发，确立一个民族在一个时代的价值取向和价值体系。其次，人文精神通过对人的存在与活动的意义的阐发，熏陶人的性情和气质，使人具有良好的修养；最后，人文精神通过对人的存在与活动的意义的阐发，提高人的精神境界，使人的精神世界趋于提升和完善。冯友兰曾将人生境界分为：“自然境界、功利境界、道德境界和天地境界”四种，他认为这需要学习哲学。

当然，除了哲学之外，文学、史学也都能帮助人提高和丰富精神境界。以上这三个方面就是人文精神的基本价值。这些基本价值，对人来说，不是一种物质之用，而是一种精神之用；也不是一种有形之用，而是一种无形之用；不是一种工具之用，而是一种本源之用。这就是人文精神的基本价值取向。

二、体育价值观统一下的中西方大学体育异同

中国传统体育中强调“养生修性”，练养结合，动静平衡的体育思想，对西方人来说具有极大的吸引力，他们试图从东方的处世之道和养生方法中汲取营养。如：以奥林匹克精神为主的西方体育观念“和平与友谊”“平等地公平地竞争”“体育为大众”“重在参与”等逐渐为传统体育所吸收。总之，以儒家、道家、佛家为核心的传统体育和以新教伦理、竞争、超越为核心的西方体育，是两股不同的文化源流，很显然，中西方体育也是必须带有各自核心文化的色彩和特征。

中国传统体育在儒、道、佛家思想的熏陶下，形成了融养生健体、道德教育、娱乐内敛于一体的独特风格。在西方奥林匹克运动的巨大影响之下，中国传统体育不再是封闭环境里的自足体，而是在同西方体育相互融合，相互竞争的回流中迅速发展。同时，随着现代社会的不断发展，人们逐渐意识到了现代体育对培养人的全面发展的人格和体格的具体价值。中西方的体育冲撞与融合必然导致新一轮人体生命科学的革命，其最终结果必将以人的身心和谐发展为归宿。

不同时期形态各异的体育文化通过各种媒介对中国大学的体育发展与演化产生着巨大的感染力，它不仅使大学体育极具韧性、惰性和保守性，而且还滋生了“重智育，轻体育”的中国大学体育的显著特点。这一特点缺乏对体育的育人功能的认识，只突出了体育的政治功能，体育活动的群体性、技艺性和表演性得到充分的展现，但学生内在需求与身体文化、审美意识都没得到良好的发展。其主要表现在，当前中国大学体育从形式、内容、组织体系等虽然相仿于西方，但大学体育仅掌握其形，而未继承其神。如：校级运动会目前在中国各大学中基本形

成传统，但能正确认识校级运动会的价值和功能的学生及教师们只占极少数，严重影响到他们对校运会的重视程度和参与激情。

此外，在当前中国大学体育课程中由于受中国传统体育缺乏系统科学的锻炼方法，缺乏专门化的比赛规则的影响，使得大学体育课程中长期以养生太极、健身气功等传统武术为主，中国其他传统体育项目很少纳入其中，这在一定程度上阻碍了大学体育课程的改革与创新。由于中国古代体育活动几乎都从属于其他社会活动，因此，相关体育活动之间缺乏必要的内在联系，体育课程因而也未能形成一个相对独立的理论体系。

由于西方体育讲究竞争、追求效益，重契约规则：在这种背景影响下，西方的大学体育在训练的方法上注重对人体在运动中健美肌肉的训练，注重对人体外形的审美，强调身体的外在运动，提倡对身体素质潜力的挖掘，从而提高人体竞技水平，美化人体形象，使自己的精神充实而满足于其中。在运动方式的解剖上，重知行分析、讲究物理等力学原理，重视对人体结构的解剖和生理机能的探索，用科学的研究方法与实验来追求最激烈的对抗和竞技。在此基础上，形成了一套系统的科学理论支撑，有了明确的比赛规则和严格的场地器材要求。因此，大学体育竞技运动在西方国家开展得如火如荼，备受重视，也因此而成为大学教育的重要组成部分。

我国的大学教育在看待大学体育价值观方面存在着明显的倾斜性，不是偏重于大学体育的物质价值（运动技能与身体素质的提高），就是偏重于精神价值（终身体育意识、审美鉴赏能力、吃苦耐劳精神的提高等），其区别主要在于各自学校的传统与理念。

美国的大学就与之不同，他们两者兼顾，力图寻求物质和精神在发生碰撞时的最佳融合点，对大学体育发挥的综合价值更为关注。

中西体育价值观各自反映了不同民族与国家的社会文化心理价值取向。由于历史、地理的原因，西方竞技体育项目（如：田径、篮球、排球、网球）在大学校园中长期占有主要阵地，中华民族传统体育项目（如：舞狮、舞龙、民族摔跤、民族舞蹈等）在大学却被排斥或忽略。这样的大学体育忽略了参与主体的民族文化心理价值观，使得大学体育的发展性、有效性与创新性受到质疑。中国传统体育虽然保守性很强，但也有创新性与融合性。所以，中国的大学体育在传承中华传统体育文化与弘扬中国体育人文精神的同时，还应积极借鉴西方的竞技体育精神和西方大学体育文化精华，将二者的文化结构和价值取向融汇在有机的结构体系中，建构新型中国大学体育观，以满足现代中国大学体育发展的趋势。

三、体育人文精神体现在大学时期的功能

（一）大学体育人文精神发挥导向性功能

大学体育人文精神是学校师生员工体育价值取向的导向，大学体育人文精神建设应体现国家和广大师生利益的一致性。大学体育人文精神的内容和表现形式，以及所产生的文化效应，对大学生的体育思想、行为与体育生活方式都深深地影响着。它以一种客观的、实际的社会团体力量，制约和规范着大学人的体育行为。因此，在体育实践中一旦涌入人们的思想中形成人们的主观意识，就会变成一股巨大的导向力量，牵引着人们的体育行为。这一导向力量对大学校园里的青年大学生来讲特别有效。这是由他们的经历和所接受教育多少决定的，因为在这一时期他们的人生观、价值观和审美观都还没定型，还处于逐步成熟阶段，需要有正确的力量来引导。

大学体育人文精神的导向性作用，主要通过两种渠道来实现：一方面是国家和学校的体育发展战略、方针、路线和政策，以及由此而产生的社会价值导向对大学师生的指导作用。大学社会化程度随着时代的发展越加深化，因此谈大学体育人文精神是离不开国家体育、教育的大环境的。另一方面是通过大学校园体育文化活动中所蕴含的价值观、道德观和世界观等对大学师生的潜移默化的人文性影响和导向。总而言之，大学体育实践中的各种体育文化活动，以及校园体育文化氛围都在无声无息地引导着学生的价值取向，对学生的终身体育意识的培养，发挥着巨大的同化和牵引力量，体育人文精神的重塑就是要在育人过程中建立起具有正确导向的机制。

（二）大学体育人文精神发挥示范与辐射功能

大学体育人文精神的示范和辐射功能是指体育人文精神主体中的优秀人物以及客体中的一些标志性物体对其他人以至社会产生的巨大示范、辐射作用。大学体育人文精神旨在对主体——体育教师、体育标志性建筑物和雕塑、体育吉祥物、

标准色等的营造。有形的大学体育标识潜移默化地影响着大学师生。大学体育教师既要教书，更要育人，不仅要做传授“三基”即体育基本知识、技能、技术，更要在体育实践中做到“求真、求实、求诚”，坚毅自己的品质、完善自己的人格。在生活中不仅要对学生的学业进行关心，更要对学生严于律己的做事风格，以诚交友处世原则等方面的人文素养的养成进行人生指导。这是因为榜样的作用就在于易于效仿，感染和激励人的思想意识，具有强烈、深刻的教育示范与辐射作用。

散见于大学中的标志性体育雕塑等人文景观，也对大学人的生活产生潜移默化的教化与示范作用。如清华大学的马约翰雕像，微笑着面对过往的师生员工，让他们永远铭记马约翰带给清华的体育人文精神与体育文化思想。体育标准色指的是大学体育用一种颜色来代表学校体育的人文精神、形象和内涵，它在大学体育的各方面内容中均能得到体现、宣传和发扬。如：北京林业大学的标准色为绿色，那么学校体育设施、体育竞赛服装、体育网站等的基本色调均为绿色。总之，大学体育人文精神可以通过具有特定意义的体育标识、体育宣传栏与具有一定影响力的体育明星或体育人物以及体育历史等对大学师生的体育思想、行为产生直接的、强大的示范与辐射作用。

（三）大学体育人文精神发挥健身与育人功能

1948 年世界卫生组织指出：“健康不仅是免于疾病和衰弱，还是保持身体、精神和社会适应方面的完满状态。”这一概念基本改变了健康过去仅指无生理功能异常、没有疾病的单一概念，阐明人的健康是包括身体、精神和社会三个方面。而大学体育人文精神之所以能增进人的健康，具有健身功能，这是由于大学体育人文精神是通过多种形式表现出来的，而体育实践（课程教学和竞技训练）活动是大学体育人文精神的主要形式，它在促进师生员工身心健康方面起着重要的作用。

体育作为大学教育不可缺少的重要组成部分，始终在这个特定的领域里发挥着培养全面发展的人才的重要作用。大学是一个相对独立的文化、教育环境，而大学体育人文精神是一种相对独立的文化精神体系。它以一种无形的力量对处于该环境中的每个人产生潜在的教育作用，并将他们逐渐同化为群体中的一分子。因此，大学体育人文精神的育人功能主要表现在它的潜移默化、暗示性和渗透性，这种暗示性与其他课堂教学中对学生的单项灌输为主的教育的差异是：通过在体育活动中统一的规则、规范的行为、严密的组织、轻松的氛围、身体和心理活动的统一，使课堂教学参与者能够自觉或不自觉地接受体育人文教育，培养学生将来担任社会角色所应具备的人文素质和修养，以适应未来社会生活和工作的需要。

（四）大学体育人文精神发挥约束与规范功能

为了依法治校保证正常的大学教学工作与生活秩序，大学总要制定出相关的规章制度以便规范和约束大学人的行为，这是有形的硬约束。虽然大学出台相关条文制度，但是这些硬约束不可能对大学的每个成员都能在思想和行动上起到统一的约束与规范作用，所以还需要以“德”治校，实行“软约束”。

大学体育的人文精神在大学体育实践中作为一种无形的人性的约束力量，来制约人们的体育行为，以此来弥补各类体育规章制度等硬约束的不足。它既能使外界某种体育信念在大学人的思想深处形成一种心理暗示，又能构造出一种应答机制，一旦外部诱导信号发出，在内部即可得到积极的响应，迅速将预期效果转化成体育行为。这种软约束就是通常所说的大学体育文化氛围、大众体育行为准则和体育道德规范、体育习俗和风尚，以及与大学体育目标和大学体育价值追求等精神文化的内容相一致的。这种软约束会造成一种强大的使个体从众化的体育压力和动力，使大学人在心理与行为上产生共鸣，从而对自身体育行为、意识和道德进行调控。此外，还对各种硬约束对体育实践中人的心理冲撞，以及在人群中引起的心理抵抗力起到减弱和削弱的作用。从而在大学中达成统一、和谐和默契。这种软约束对每一个大学人都能起到明显的约束作用。

（五）大学体育人文精神发挥扬弃与创造功能

大学体育人文精神对一切外来体育文化和体育信息都有一定的筛选作用，这是因为大学体育人文精神的形成需要较长时间，需要几代人的积极努力，所以一经形成便不易改变，往往表现出相对的独立性和稳定性。因此，必须有选择性地对外来体育文化和体育信息进行筛选，“取其精华，弃其糟粕”。

由此一来，大学体育人文精神就成为大学体育、竞技体育、群众体育、职业体育之间的净化带，经过这个净化带的净化后，外来体育文化中的消极因素将被过滤掉，积极向上、健康活泼的因素将被发扬光大。大学体育人文精神的创造功能就是指大学文化精神的主体按照客观规律，在传承社会体育文化、传统体育文化、西方体育文化的过程中所进行的文化思想再创造活动。在一定的环境中它还可以产生新的理念、学说和价值观，能为大学体育提供新的规范、模式和理念。

所以，大学既要加强体育社团的组织、管理活动，给广大师生员工提供更多的体育文化活动参与机会、展示体育才能的平台，又要组织开展系列体育文化讲座、体育健康与审美讲座等，积极倡导师生在参加体育文化活动过程中也能创造出新的文化活动形式、方法和思想。换句话说就是要通过大学体育人文精神建设为大学体育的主体创造机会，引导他们加强社会体育实践文化活动，使他们在实践中增进知识，增长才能，做出贡献，使大学体育人文精神的建设始终走在大学校园文化发展的前列，并充满时代的朝气和活力。

第四节　大学体育人文精神的培养路径分析

重塑大学体育人文精神，就必须使大学体育从功利的竞技走向育人的强身“健美”，使大学体育以和谐发展为价值取向，以人的发展为根本，将人的全面发展作为可持续发展的目标。为大学体育在大学教育中价值的实现提供精神动力。

大学体育要由“功利化”转向为“人性化”，首先就要重塑大学体育的人文精神，转变人的体育价值观念，使“竞技”走向“健美”，建立以人为本的大学体育新观念，让“健美”重新回归于大学体育的本质之中。让新世纪的大学体育能在以人为本的理念指导下，更加尊重生命，尊重人类健康，尊重自然与社会资源，能更好地提升大学人的体育素养和促进人的身心健康发展。重塑大学体育人文精神可以通过以下途径。

一、体育人文精神是大学文化的灵魂

大学体育人文精神作为大学文化的灵魂所在主要体现在三个层面。首先是看精神与文化既是区别又是统一的关系。广义上说精神也是文化，但就精神和文化的存在形式而言，二者又是有区别的：由于精神本身是意识的东西，它存在于人们的大脑中，是看不见、摸不着的，即不可感知的抽象；与精神相比，文化是可

以通过人的感觉感知的，人们可以通过听、看、摸、察、闻等活动方式“感觉”到文化的存在。只是因为凡是文化的东西都有其可以被感知的形式；即便是精神文化，也是以某些有声或有形的语言、文字等可感知的形式存在的。精神和文化又是统一的：精神是文化的思想内涵，是文化的灵魂；文化是精神的表现形式，是表现出来的精神。具有可感知性的文化存在与同样具有可感知性的自然存在（非文化存在）的区别就在于，文化是“人造的”，是人有目的活动的结果，或者说文化是有灵魂的。

大学精神与大学文化的关系：关于大学精神和大学文化这两个概念的界定，当前在学术界有很多专门的研究，讨论也很多，争论也很大。通常教育一致认为大学文化是指大学人在大学里的一切活动方式、活动过程及其活动结果，有精神的、思想的、制度的、环境的、行为的等多种文化形式。大学精神是大学文化的本质属性，大学文化更是大学精神的载体和存在形式；抛开大学文化的大学精神是空洞的、虚幻的；没有大学精神的大学文化是贫困的文化。

最后，看大学体育人文精神与大学文化的关系：大学精神主要包括大学的人文精神和科学精神。人文精神作为做人的精神，在大学精神中处于相对优先的地位。因此人文精神成为大学文化的灵魂，对大学文化的建设具有导向和引领作用，体育人文精神作为人文精神的核心成分自然也成为大学文化的灵魂，对大学文化的建设同样起着不可抹杀的积极作用。

二、体育人文精神引导大学体育文化的健康发展

任何事物都必须在内因和外在的推动力下才能发展，继而成为一种品格和力量来促进社会和人的发展。这种力量就是思想的力量，来自文化的力量，体育作为一种文化也不例外。体育作为人类的社会性活动，以维持、增强和改造人类自身的机能和形态的科学实践为基础，有目的地对人类自身状态的精神实践进行改造，它是人类传统文化的重要组成部分，影响着人类意识形态和生活方式。体育实践需要以文化的形式逐渐渗透在人类生活价值中，它除了培养学生的“三基”外（体育的基础知识、基本技术、基本技能），还把人的意志、精神、认识、态度作为人生价值取向的重要方面。

大学体育文化建设不只是为了吸引广大师生对体育活动的参与，更是为了在

体育实践活动中培养大学人的良好的终身体育意识和体育素养，使他们的体魄变得强壮，身心更加健康，人格更加完善，身心素质都能得到全面的提高。当然，在大学进行体育文化建设过程中，不仅要对师生传播体育审美知识和科学健美的方法，还要促进大学生将所学到的知识和经验转化为个人的智慧，加深对体育本质的认识，追求更高的体育人生境界。

大学体育中的人文精神通过大学体育文化而存在，对青年一代进行伦理、道德及社会规范方面的教育作用更是无可替代。它是大学体育文化的精神总和，是时代精神文明的客观表现，是体育实践中的自由、竞争与博爱的标识。唯人主义是当代大学体育人文精神最高价值原则，也是体育人文精神的时代文化主题。这一原则与体育文化中的以人为本、丰富人性、陶冶情操、关怀人的生命健康和意义等主题是辩证统一的。重塑大学体育人文精神，可以摒弃对大学生思想的异化，破除一切偏离人生正确发展轨道的现象，使大学生的灵魂保持圣洁性和崇高性，使体格走向强壮与健美、使生命走向健康和成熟，在人文关怀中走向人生的辉煌。

三、体育人文精神激励大学生全面、协调发展

体育有益于陶冶人的高尚的情操和精神，人们通过参加体育活动，不仅锻炼了体魄，而且磨练了意志、陶冶了情操、健美了体态、完善了品格，是培养人民集体主义、拼搏精神和进行爱国主义教育的重要手段。体育特别有益于培养青少年的艰苦奋斗精神和促进德、智、体的全面发展。大学体育在改革开放以来取得了优异的成绩，并激发了广大人民群众及大学生的爱国主义精神，提高了全民族的自尊心和自信心，体育运动在中国大学中的巨大作用已被历史和现实所证实。提倡大学体育人文精神的培养，是教育先驱们的初衷。

大学体育人文精神以一种最直观、最形象和规模巨大的方式深入到世界大学的每个角落，提倡的是人的全面发展。大学通过体育运动这一身体实践对大学生进行身、心、群方面的教育，以培养德、智、体、美全面发展和完善的人。正是这种精神在整个大学体育实践中的充分表现，才使得其成为个体发展的重要激励力量。大学体育人文精神作为人类智慧的结晶，对大学生全面、协调发展起着潜移默化的作用，具体表现为以下四个方面：

第一，大学体育人文精神作为一种依托，承担着大学生体育锻炼的实践，增

强体质和提高大学生参加体育学习和锻炼积极性的作用。

第二，它作为一种交流的环境，是培养大学生适应能力、竞争能力、创新能力、人际交流能力和缓解大学生因学习紧张而造成的精神压力的重要精神场所。

第三，它作为被拓宽的学习时间和空间，又充分地展现了大学生们的兴趣爱好和培养着他们的创造性的学习能力。

第四，有利于大学高水平运动队的训练和大学体育竞技水平的提高。能加速与国际大学生体育竞赛的接轨，是提高我国大学生竞技运动水平的基本条件。

四、人文精神有助于推进大学生社会化进程

社会化就是指人接受社会文化的过程，即指自然人（或生物人）成长为社会人的过程。大学生社会化是指大学生在与社会的相互作用中学习社会知识、获得价值规范、掌握社会经验、形成社会行为、发展自我、获得个性的过程，其结果是使个体从自然人转变为社会人，成为合格的社会成员，因此它具有社会功能和个体功能。所谓大学生社会化就是大学生在初级社会化的基础上，以校园文化为依托，学习基本生活技能，掌握专业知识和社会知识，习得角色意识和规范，形成社会所认可的行为方式，完善个性和自我意识，养成社会所认可的行为方式，逐步适应社会生活，成为能自觉履行一定社会角色行为的社会人的过程。包括三个方面的内容：

第一，从心理学视角，促进个性形成和发展、培养完美的自我意识。

第二，从文化学视角，内化价值观念，传递社会文化。

第三，从社会学的视角，掌握社会生活技能，培养社会角色。

具体而言就是，政治社会化、行为规范社会化、社会角色社会化、心理素质社会化、生活技能社会化、大学生职业的社会化、培养良好的社会适应能力等。具有主体性、内在性、能动性、个性化与复杂性等特征。

大学生社会化的目标一般包括：养成社会规范；确立生活目标；形成价值观念；认可角色定位；掌握职业技能等方面。从理论上讲，大学生的社会化是个性化与社会化的相互统一，两者缺一不可，其内容的任何缺损都不能称之为真正意义上的社会化，因此，大学生的社会化是在社会化和个性化两个维度上发展起来的。大学体育的教育过程就是使个体的人逐渐社会化的过程，这不仅不妨碍个性

的发展，而且是个性发展的必要条件。

第五节 大学体育教育中的人文素质教育反思

近年来，我国高校体育教育事业得到了快速发展，但同时存在一定的问题，如我国高校体育教育中人文素质教育的缺失、重技术轻文化的传统体育教育思想的蔓延等。基于上述问题的思考，从人文素质教育这一视角，对高校体育教育中人文素质教育的现状问题、实施途径和影响以及未来的发展进行了思考和探究，以期促进高校体育教育事业健康和谐发展。

一、人文素质教育的缺失

人文素质教育强调人文知识与人文精神的提高与培养。随着社会的发展与进步，人文素质教育逐渐成为教育领域中不可缺少的一部分。从文艺复兴发展至今，国内外学者对人文素质教育一词的内涵与外延进行了探讨和研究，其研究的范围和延伸性的解释众所纷呈。但随着人文思想在教育界的应用与发展，其概念内容逐渐趋于稳定及可界定性。人文素质教育就是“将人类优秀的文化成果，通过知识传授环境熏陶以及自身实践，使之内化为人格、气质和修养，成为人的相对稳定的内在品质。”因此，在现代教育中实施人文素质教育思想更能体现出学生个性、观念、情感等内在品质的意义及价值。长期以来体育被人们理解为“头脑简单，四肢发达”的一项社会活动，究其原因，在一定程度上归因于人文素质在体育教育中的缺失。这种隐形缺失在当前体育教育快速发展的同时，逐渐因体育教育中学生人才培养的不全面性而逐渐凸现出来。

（一）体育思想偏差影响文化道德素养的流失

思维意识决定体育的发展，强健体魄已经成为人们思维意识中固有的体育思想。长期以来，正是因为这种单一、保守的体育思想制约着人们的体育观，并最终影响着体育事业的改革与发展。翻开历史的画卷可以看出，不管是西方体育，还是中国传统体育，最早都与军事战争中的士兵训练有着一定的关系。为了提高个人体能的最大突破，重视体育体能和技能培养就占据着体育教育领域的核心地位，而严重忽视了文化素养方面的提高，直接导致现阶段体育教育无法适应以人文为主流思想的社会。这种人文素质的缺失以及人们传统思想的错误定位，使人们往往认为从事体育专业的学生，虽然具有较好的个人体育技能，但是在文化素养方面较差。当前，现代体育中足球比赛打架斗殴事件、服用兴奋剂事件以及大小体育赛事裁判评分的不公正等等，也从侧面体现着体育道德文化素养的缺失。

（二）体育文化思想建设薄弱

通常所说的重文概念是指学校教育中对文化知识的过度重视，致使对体育文化素养的忽视。轻体主要是指学校教育中没有统一的体育文化知识教材，导致学校过度重视学生体质的强化，而冷落体育文化知识的培养。学校体育教育中的体质论教学就是其典型的代表。所谓体质论是指以追求学生身体素质指标为主要目的，而相对忽略了学生人文素质的教育。就目前来讲，“体质论主导的学校体育教学仍然在实践中走不出重技术技能轻人文教育的怪圈”，如上体育课除了练体能技能外就是嬉戏，根本无文化知识与体育技术技能相结合的教育意识。这种教育模式在一定程度上不利于学生的全面发展，尤其是健全人格方面。甚至在一些学校，由于文化课压力过重，导致体育课时被取缔，从而失去了文化基础知识的培养空间。因此，重文轻体观念导致了体育各种文化素养的缺失与薄弱。

二、加强人文素质教育的反思

（一）加强对高校体育教育的影响

文化具有物质生活和精神生活的双层含义，它是推动社会发展的一把“双刃剑”。人文素质教育是对社会文化现象的综合反映，人文素质教育的实施对于高校体育教育具有重要的影响作用。

首先，人文素质教育对体育教育功能具有积极影响。体育的功能主要有育人功能、健身功能、娱乐功能。但是因为教育体制的影响，除了健身功能在当今社会彰显外，其他功能还没有得到应有的重视和体现。因此，体育教育的功能在外层表现上仍然凸显强身健体方面。随着人文素质教育的介入，体育教育的菜单现将更为人文化，其中主要包括以下几个方面：

（1）人格塑造，重在塑造学生健康和谐的人格。

（2）陶冶情操，对学生的善、美进行培养，提高学生的情感表达释放能力。

（3）自身品质的修养，通过对学生文化素质的教育，提高学生的文化素质，提高体育大学生在社会中的地位与形象。通过这些方面不断拓展体育教育功能的内容，从而实现人文素质教育的目标与意义。

其次，人文素质教育对受教育者健全人格具有积极影响。传统的体育教育重视学生身体素质技能的培养，新型体育教育更多强调的是人的全面发展。人文素质教育对学生的影响不同于传统体育教育，其主要表现在以下几点：

（1）促进学生文化基础知识和专业技能。

（2）提高学生使用知识和运用知识的综合能力。

（3）改变传统教育的观念，促进人文素质教育的创新性。

（4）培养学生的认知能力，激发其七情六欲的释放与控制，从而提高学生的情知品质。

（5）增进学生的爱国精神，提高其道德水准，促进学生形成良好的道德观和价值观。

总之，人文素质教育不管是在知识、能力、情感还是在世界观、人生观、价值观及道德观等各个方面都能使学生得到一个综合性的提高与进步。

第三，人文素质教育拓展了高校体育教学方式。教学方式是提高体育教育质量的重要手段，人文素质教育在促进体育教学方式的改革上有着重要的作用。近年来，人文素质教育在体育教育中重视与高新技术相结合，如：多媒体技术、计算机技术、远程教育等新型科学，以此来改变体育的教学方式。STS是科学、技术、社会的英文缩写。“STS教育的基本精神强调理科各科教学应与本学科的科学与技术的发展紧密结合，与当前的社会生产和社会生活紧密结合。”这是一种人文、社会、科学、技术相结合的新体育教育方式，通过这种教育不仅可以提高学生的社会适应能力，还能丰富人文科学方面的知识与技能，以此来影响高校体育教学的方式。

（二）拓展人文素质教育的培养

体育课程是高校体育教育具体实施的主要途径和手段。高校体育课程人文教育则是以大学生为核心通过体育活动方式，在体育人文精神的熏陶下全力促进学生身心健康发展提高学生的体育素养和人文素质的教育实践活动。从定义中可知，高校体育课程中人文素质教育的实施离不开人的传承与发展，更离不开人文思想在高校体育课中的融合与交流，它是以人为本的思想为主体，以社会文化现象为核心内容，最后转换为内在的精神品质，从而实现人文素质教育在高校体育课程中的实施。

人文素质教育是高校体育教育在现代社会语境下生存和发展的必然前提条件。然而，人文素质教育的实施有着多种现实困境。在一定程度上，当前重武轻文、重文轻体的体育思想以及体育多元论与体育人文认知能力的不足是导致当今体育素质教育缺失的主要因素。因此，通过拓展体育工作者自身的人文知识面、加强学生对人文知识的思维意识、设置优良的人文知识教学课程、改变传统的体育思维意识、弥补审美教育的缺失等方式将是人文素质在高校体育教育中实施的主要途径。同时，以人文素质教育为主线，适应社会发展的需要，改变高校体育课程教育观念，充分发挥“学生需要论”，拓展人文素质教育的范围，引导高校体育课程走出社会是未来人文素质教育在高校体育教育中的发展趋势。

第六节　“中国梦”时代大学体育人文精神的构建与培养

“中国梦”时代大学体育人文精神培养分析来看，“中国梦”已成为指导我国实现中华民族伟大复兴的重要理论，为我国新时期的现代化建设也指明了前进的方向。尽管现阶段“中国梦”已经提出并成为指导我国各项事业发展的重要理论基础，但是在各项事业发展的过程中，“中国梦”理论的落实却依然处于一个较为基础的阶段。大学体育作为培养我国高素质人才的重要方式，近年来也被越来越多的人所关注，如何在将“中国梦”理论落实到大学体育教学中，并以此为基础培养大学体育人文精神，是现阶段大学体育教学发展的一个重要方向。

一、“中国梦”时代背景下人文精神培养现状

（一）传统应试教育影响人文精神培养

在现阶段我国大学体育教学过程中，由于长期受传统应试教育的影响，教师在对学生进行大学体育教学时，依然沿袭了传统的以教师教学为中心，以传授体

育技能为主要核心内容，以体育教学各项考核内容达标为主要衡量标准的一种教学模式。在这种模式下，整个体育教学课程相对单一且枯燥，加之整个大学体育课堂教学的主要内容为体育技能教学，严重影响了对于大学体育人文精神的培养。

（二）教学模式陈旧

由于受素质教育以及新课程改革的影响，我国的大学体育教学模式也发生了相应的改变，现阶段我国大学体育教学模式主要是以学生选课为主，尽管这种方式打破了传统应试教育的桎梏，但是在实际的应用方面，却存在着一定的缺陷。首先是学生在进行选课前，并未接受过相应的理论知识以及选课指导，导致学生对于可选科目的认知存在着一定的不足，加之受应试教育的影响，其选课也是为了应付考试，这样就极易导致学生很难通过对大学体育的学习获得实质性的帮助；其次是在实际的大学体育教学过程中，教师往往一开始就对学生进行体育技能的传授，导致学生对于体育项目很难有较为深刻的理解，久而久之，就会失去对于大学体育的学习兴趣，对于培养大学体育人文精神有着非常不利的影响。

二、体育人文精神与“中国梦”的契合

（一）大学体育人文精神与“中国梦”有机结合现状

现阶段，尽管“中国梦”伟大理论构想已经融入我国各项事业的发展过程中，但是在高校体育人文精神结合方面，却依然处于相对基础的一个阶段，加之学生对于“中国梦”与体育人文精神的认知不足，导致大学体育人文精神与“中国梦”并未实现有机结合。

导致大学体育人文精神与“中国梦”无法实现有机结合的因素主要包括以下几个方面。首先是高校管理层对于“中国梦”的解读不足，使得其思想内涵并未得到传递；其次是过于注重体育技能教学，对于弘扬“中国梦”思想重视程度不足；最后是“中国梦”思想在大学体育人文精神中的缺失，导致学生对于当代大学体育人文精神与中国梦的认知极其匮乏，严重影响了大学体育人文精神与“中国梦”的有机结合。

（二）“中国梦”时代背景下的大学体育人文精神

要想在大学体育教育发展过程中实现大学体育人文精神与“中国梦”的有机结合，首先应对可以实现两者融合的基础条件进行充分的认知和理解，该基础条

件主要包括两方面内容，一方面为“中国梦”时代的伟大理论构想是指导人们前进发展的主要动力，也是对体育人文精神的一种具体展现，而体育也恰恰可以通过一种合理的形式对于人文精神进行展现；另一方面就是体育的普及型较强，随着全民健身时代的到来，为我国的体育事业发展赋予了更多新的内涵，也为我国现阶段大学体育人文精神的培养指明发展方向，对于促进体育人文精神与“中国梦”的有机结合意义重大。

其次，要想真正实现体育人文精神与“中国梦”的有机结合，还应对“中国梦”思想以及大学体育人文精神有一个正确的认识。在实际的教学过程中，体育人文精神应充分发挥其重要作用，并在此基础上不断丰富当代大学生的精神生活，实现学生的身心健康发展。不仅如此，在进行大学体育教学时，学校或者是教师应不断弘扬“中国梦”思想，并通过开展相关的活动，加深学生对于“中国梦”的深刻理解，最终实现两者之间的有机结合。

三、“中国梦”铸就大学体育人文精神

（一）发扬大学体育教育的积极作用

要想在“中国梦”时代实现对大学体育人文精神的培养，首先应充分发挥大学体育教育的积极作用。由于在长期的高校体育教学过程中，大部分高校仅仅是对学生的体育技能进行培养，并未对体育人文精神进行培养，因此，在进行高校体育人文精神培养过程中，可以通过在体育课堂开展较为丰富多彩的集体活动，例如篮球比赛等等，不断提高学生的团队交流水平以及自身思维能力，并在此基础上培养学生的竞争意识以及团队精神，最终实现对学生人文精神的培养。

（二）培养学生良性竞争与合作意识

“中国梦”时代培养大学体育人文精神的过程中，其中很重要的一项工作就是培养学生的竞争以及合作意识，这也是构建“中国梦”人文精神的关键。竞技体育最为本质的内涵就是通过竞争合作，最终取得较为优异的成绩，这也与“中国梦”人文精神的关键因素相契合，因此，在大学体育教育过程中，教师应有意识地对学生的竞争以及合作意识进行培养，可以组织学生参加各类竞技体育活动，引导学生养成与队友合作的习惯，并在实际的团队竞技过程中，不断培养学生的拼搏意识以及竞争意识。

（三）激发学生对于体育的兴趣

要想培养学生的体育人文精神，应采取科学有效的方法激发学生对于大学体育的学习兴趣。首先，在学生进行网上选课之前，学校应在网站上对各个体育项目的相关信息进行普及，并将整个教学流程进行简单介绍，以此为基础充分调动学生的学习兴趣；其次，可以通过“试教学”方法，对学生进行 1 ~ 2 周的体育项目教学活动，降低误选体育项目对于学生的不良影响；最后，在进行选课时，学生可以选择相同性质或者相同类型的课程，打破选课的单一性，提高学生对于体育学习的自由度，对于调动学生的学习积极性以及提高学生对于体育项目的学习有着非常积极的作用。

综上所述，在“中国梦”时代的大学体育人文精神培养过程中，通过将“中国梦”思想与大学人文精神有机结合，充分发挥大学体育人文精神的功能，培养并不断提高学生的合作竞争意识，并以此为基础实现学生的全面发展。

第四章　大学体育教育教学与专业课程的创新与发展

体育校本课程是学校依据本校的教育与教学理念以及师资状况自主研发与设计的产物，是国家与各个学校在课程权利再分配方面的具体表现，其要求学校及设计参与者具备充分的自主性与创新性。然而，当一些学校在独立面对新出现的体育校本课程时，无论是校方还是作为课程实践中介者的体育教师，都表现出极大的抗拒性心理与不适状态，甚至无所适从，主要体现在体育教师的体育学科课程意识及主体间交流上呈现的保守色彩。从网络技术在高校体育教学中的应用发展分析、微视频大学体育理论教学实践探索、翻转课堂背景下体育校本课程文化的反思与重建和的角度出发，深入对大学体育教育方向研究。

第一节　网络技术在高校体育教学中的应用发展分析

网络技术应用于高校体育教学中的过程伴随着高校计算机网络硬件的普及与更新，以及多媒体网络体育教学资源的丰富，特别是随着网络技术的发展，目前我国越来越多的高校在开始运行或已经准备运行自己的校园网体育网络教学平台。

一、网络技术应用发展现状及特点分析

高校的校园网的体育网是开展体育网络教学平台建设的网络技术平台，高校

校园网的体育网是基于校园网站的基础上建立的，高校校园网中体育网平台的建设情况直接决定了该校是否具备建设体育教学网络平台的基础。早在 1999 年教育部就提出了相应的要求，国内的高校纷纷建立了自己的高校校园教学网络，随之在校园网中建立有关体育教学的网络为高校的体育教学网络化的发展提供了基础保障。目前，我国高校的校园网中的体育网的建立已经得到了全面的普及，其中我国高校校园网的体育网的网页数量较多，但已开通的体育教学主页的内容相对过于单一，体育教学的信息的更新速度普遍较慢，体育教学栏目的建设也不够完善。且有部分高校体育网的主页仅仅局限于运用简单的文字与图片进行概况的简述，没能应对自身高校所开设的体育教学的有关专业进行多层分类的网络进行建设，其中能够利用高校体育网络平台进行开发教学功能的高校还是相对较少。未来高校的体育网中建设网络教学平台的数量和特别是质量都有很多改进空间，且高校对体育网络教学平台功能的开发是当今我国高校深化体育教学运用网络技术的核心关键。

（一）现阶段高校体育教学中网络技术的应用的现状

目前我国高校的体育教学中运用网络技术的应用形式多数是校园网的体育网模块共享体育教学的素材等进行的辅助式的教学。国家体育教学的教育部门以及高校体育教学的专家学者对与网络技术应用于高校体育教学的研究时间较短，从技术角度分析网络技术应用于高校体育教学中的可行性，目前国内大多数的体育教学工作者对高校体育教学中应用网络技术的研究相关 CAI 多媒体教学设计或利用校园网中体育网开设的部分体育理论基础的网络课程以及体育专项类的网络课程。如今我国体育教学技术的研究在体育网络教学软件的开发上取得了一定的成果，大量软件开发商对高校体育的网络教学软件的开发上支持高校体育教学的网络技术环境，使得高校传统模式下的体育教学得到了改进，优化了高校体育教学的教学环境与学习过程。目前我国高校体育教学网络平台的建设发展已经初具规模，特别是重点院校以及在一些高等体育类高校，在网络技术应用于高校体育教学中得到了快速的发展。

（二）网络技术在教学中的应用发展的特点分析

网络技术应用于高校教学的快速发展和产生，是以网络技术为核心，通过运用网络平台实现高校师生之间的教学辅助功能的过程，与传统模式下的高校体育教学相比，高校体育教学的信息化、智能化，是计算机网络技术、信息技术高速发展的必然结果。学校开展体育网络化教学，需要建立一个完善的体育教学相关的管理系统，包含体育教学管理系统和体育教学资源管理系统以及体育课堂教学的网络管理系统等，从而实现基于互联网的信息化、智能化的体育教学环境。丰富的体育教学信息资源，提高网络技术应用能够地整合各方面的体育教学资源，实现高校体育教学信息资源的及时整合与分享。

网络技术应用于高校体育教学,使得高校体育教学更加适应时代发展的需求，也是现代信息化社会发展在高校教学发展的需求。网络技术应用于高校体育教学提高了高校体育教学中的学习效率，这也是网络时代背景下学生接受的学习知识的方式之一。体育知识的更新频率高时效性快等特点，使得传统模式下的体育教学方式很难适应网络时代发展的需求。通过运用网络技术到高校的体育教学中，可以让学生接触到新的体育科学知识信息。

高校体育教师教育学理念的转变对体育教学中学生锻炼兴趣的培养，高校体育教育的发展起着至关重要的作用。高校体育教师通过正确、合理、高效的利用网络技术和互联网的资源，不仅可以提高自身获取体育知识与更新体育教学的能力，而且可以通过网络技术的强大功能探索出未来新的体育教学模式，培养出适应当前网络时代下信息化社会所需求的新型人才。网络技术在体育教学的应用补充了传统模式下体育教学的不足，优化了传统模式下体育教学的效率。

（三）师资队伍建设下的网络技术应用

当前高校体育教师教学中应用网络技术有了许多具体实例，高校体育教师多数倾向于在体育理论课上应用网络技术手段，而在大多数的体育实践课上体育教师由于受到一些客观条件的影响,在教学过程中应用网络技术的情况相对并不多，甚至有的体育教师在体育教学过程中从未使用过网络技术的参与，这些因素局限了高校体育教学信息化的发展。高校体育教师在体育教学中运用网络技术教学，需要高校体育教师能对网络技术以及计算机多媒体网络运用都能够全面掌握，目前国内高校的体育教学中都已经配备网络平台的多媒体教室，高校的计算机的数量以及校园互联网的全面覆盖已经得到了很好的保障，所以高校体育教师对体育网络多媒体教学平台以及计算机网络技术的运用有着良好的环境支持。通过网络技术应用于体育教学的相关师资队伍的建设现状，可以看出影响高校体育教师在体育教学中应用网络技术的主要原因是体育网络教学资源平台与高校网络化的教学硬件设备的建设情况以及高校体育教师自己运用网络技术相关软件的能力有直接关系，相关高校体育教学的网络应用软件较少和高校有关的政策扶持力度不足也在不同程度上影响高校体育教师在体育教学中运用网络技术。目前高校体育教学的网络技术环境主要是指在体育教学的教学实践活动中所涉及的标准化和系统化的网络技术硬件教学设施与环境。其中实现体育教学过程中教学信息的呈现与教学资源实时共享有利于教学过程中学生积极主动的参与和协作讨论。

目前高校体育教师需要在网络技术方面进行规范化和系统化的教学培训，高校学生也应得到网络技术运用的相关课程的学习。增加建设多媒体教学的网络教室以及配置现代化教学网络设备的高校体育场馆，高校体育教学网络平台建设的情况直接影响高校体育教学资源的使用率。目前，高校体育教师自行开发的体育教学课程相关的体育教学课件较少，通过网络技术进行体育教学管理的水平有待于提高，体育教学网络平台应用下的应用体系还需要完善。

二、网络时代应用的发展对策分析

（一）高校体育教学改革的发展需要

高校的体育教育是高等教育的重要组成部分，而高校现代化体育教学又是高等教育现代化发展重要组成中的重要环节，同时高校的体育教学在大学生接受高等教育的过程中肩负着全面提高高校学生的身体素质等重要使命，为现代化的素质教育的发挥重要的作用。网络技术在高校体育教学中的应用为改变传统模式下高校体育教学提供了技术上的支持和保障，同时也为高校体育教育工作者在未来信息化教学的发展带来了更好的机遇。

建立和完善高校体育教学网络技术应用平台的环境，需要加大高校计算机网络硬件设施的投入加强高校校园网中体育网的建设，良好的高校体育教学网络技术平台环境是建设现代化高校体育教学的基础，其中包含了标准化的网络技术设施和系统化的教学软件。随着网络时代背景下网络技术的快速发展，以及高校已经基本普及的网络多媒体教室和大量的体育教学网络应用软件，高校的体育教学网络技术平台的应用环境得到较好的硬件保障，具备良好的教学环境可以及时促进高校体育教师在体育教学中更好的应用网络技术来完善高校的体育教学。但是通过访问调查发现，国内大多数高校目前仍面临网络设备以及多媒体网络教学硬件数量不足以及高校校园网中体育网建设的功能不够齐全和相关体育教学软件开发较少等方面的问题，上述高校所面临的问题如果得不到及时的解决，将严重阻碍高校体育教学现代化教学的发展。因此，为保障未来高校体育教学水平的提升必须要采取必要的执行措施，设计可行的方案从根本上来解决高校体育教学网络技术平台环境建设所遇到的问题。

网络技术在高校体育教学中的应用发展，有利于高校体育教学模式多样性的发展。基于网络技术下的网络多媒体体育教学平台在高校体育教学中的应用，为高校体育教师提供了更方便体育教学环境与为师生间的沟通交流的更方便的途径，丰富的网络多媒体体育教学课件资源有效地克服高校体育教师自身的局限，弥补高校体育师在体育实践课的讲解示范的规范性，提高高校体育教学效果。传统模式下的体育教学缺少对学生体育技能的培养，网络技术的应用可以根据不同学生对不同体育项目的不同需求，有针对性地进行教学。网络技术可帮助高校体育教师实现体育知识的及时更新与完善，使高校体育教师可以了解最新的体育学科动态，掌握国内外最新体育教学的相关信息，促进了高校体育教师的创新意识以及教学能力和教学理念的提高。

（二）除旧革新提高教学管理的质量和效率

在高校体育传统的教学方式中，较多是以体育教师课堂讲述的形式，其中多依赖与体育教师的板书以及静态投影图等单项式教学。这种传统的教学模式形式和方法比较单一，教学过程中运用的教学技术相对落后，使得高校体育课程的教学效果受到了局限没有得到应有的发挥。网络多媒体技术是集各种网络信息载体平台技术，通过网络技术把图文以及视频动画等影像进行体育教学信息的整合，是网络技术应用于高校体育教学的重要表现方式之一。网络多媒体技术在体育教学课件应用，从而辅助高校体育教学，已经得到了高校体育教师的广泛认可，在高校体育教学中应用网络多媒体技术，可以针对高校体育教学的特点发挥其特有的优势，结合不同体育教学中实际教学网络软硬件设施的具体情况，应用相对体育教学课件制作软件进行网络多媒体课件的制作。

网络技术在体育教学中的运用，有利于克服体育教师自身因素的局限，引用与相关体育课程所需的体育运动项目的标准示范进行整合运用到教学中，这样不但不会因为体育教师自身年龄增长等，身体技能的退化而受到影响，反而可以更好地利用体育教师本人对该运动项目多年的体育教学实践经验，以达到更高标准的体育教学水平。

网络技术应用于高校体育教学中在改变传统体育教学模式的过程中无论是从教学理论还是教学实践方面对发挥了巨大的作用。高校体育教学通过运用网络技术对体育教学的进行充分的优化和改革，高校体育教学中应用网络技术与有利于优化体育教学课堂的结构，提高学生在体育教学中的主动学习的积极性，有效地提高高校体育教学质量，弥补了传统体育教学模式的不足，使体育教学中运动技术训练更加科学和高效，利于体育教学中学生学习自主性的提高和培养学生终身体育意识规范化的确立，网络多媒体技术在更新高校体育教师的体育教学理念、提高高校体育教学的质量，学生在体育教学中提高学习效率都起到积极的作用。网络技术在体育教学管理工作中系统化的功能应用，以及完善高校校园网中体育网的教学服务功能，给高校的体育教学工作带来了全新的教学思维。高校通过体育教学网络管理软件系统，为高校体育教学提供了智能化的课程管理服务，使得高校体育教学的复杂的管理工作简单化，把原本复杂的人工选课改进为智能的网络选课，传统的人工手动收录的体育教学信息工作量大而且错误率高改进为网络一体化有效地提高了工作效率和准确率。

在《新课程标准》中把通过运用互联网获取体育信息知识和学习方法的能力，作为当今高校体育教学对培养学生能力的一项教学目标，网络技术应用于高校体育教学的深化与发展，极大地促进了高校体育教学中教学目标的实现。

（三）加强网络技术的普及与相关师资队伍建设

高校体育教师是高校体育教学过程中的指引者和实践者，高校体育教师是否具备现代化的教学技术运用理念直接影响到高校体育教师自身的教学行为，高校体育教学中网络技术的应用使传统模式下的体育教学理念和方式上都发生了转变。有效地促进未来高校体育教学的改革和推动高校体育教学现代化的发展。高校体育教师在高校体育教学中运用网络技术辅助教学需要突破传统体育教学理念的束缚，不断促进高校体育教师体育教学理念的提升，有利于高校体育教师在网络教学技术等专业技能的提高，有效地建立现代化体育教学的教育理念，使高校体育教师对网络技术应用于体育教学过程中，对体育教学的效果以及教学模式和方法的提高有准确积极的思想指导。因此，高校体育教学中体育教师对网络技术在高校体育教学中所发挥的具体作用，要有准确的高校体育教学理念进行指导，才能在高校的体育教学中提高高校体育教学效率，有效保障高校体育教学质量和高校体育实现现代化教学。

各大高校应及时出台相关激励措施，激励高校的体育教师积极制作应用网络多媒体的体育教学课件，并加强高校体育教师有关网络技术的培训和学习，从而结合先进的体育教学技术研发更多适合未来高校体育教学所需的课件，尽快提高高校体育教学课件运用网络多媒体的质量，节约体育教学成本避免高校体育教学资源的浪费，各大高校还应及时配备网络技术以及体育教学技术的专业研发人员与体育教师共同研发来保障高校体育教学现代化发展的需要。

建立科学化智能化的体育教学网络管理系统，将有效的优化高校体育教学的管理工作，随着高校体育教学中网络技术的广泛运用的实践过程中将产生一些问题，如果得不到不及时的解决，将严重影响高校的体育教学现代化水平的发展。建立一套智能化的体育教学网络管理系统，可以有效地保障网络技术在高校体育教学中广泛的运用和发展。高校的智能化的体育教学网络系统是网络高校体育教育的重要组成部分，是高校提高现代化体育教学技术的关键，是高校提高体育教学资源利用率和提高体育教学管理水平，为未来高校体育教学实施科学化和智能化的管理的有效保障。

高校应及时建立完善的体育教学网络技术应用的管理激励制度，为高校体育教学更好应用网络技术提高完善的保障体系，高校的体育教学管理制度应网络教学技术的不断发展进步及时进行更新有关新网络技术应用的管理规定，从而不断地完善高校体育教学管理体系。高校为保障现代化的体育教学技术的运用，需要重视高校的教学网络管理系统，及时采取应对措施，完善体育教学网络管理系统的建设，要及时建立应对高校体育教学现代化教学技术运用的有效的激励制度，如设立起行之有效的奖励措施，以及纳入高校的评定考核中去等方法，积极利用运用网络多媒体技术制作的体育教学课件开展教研活动，对优秀的体育教学课件及时给予相应的奖励，充分调动高校体育教师在体育教学中运用网络技术的积极性，使高校体育教师及时掌握新的现代网络教学技术，从而积极促进高校体育教学现代化的发展。

第二节　微视频大学体育理论教学实践探索

微视频大学体育理论知识点是指由大学体育理论整体中的“重点”“难点”“疑点”和“热点”知识内容构成的大学体育理论知识系统及其构成关系的总和。

一、微视频教育理念下的大学体育理论构建

（一）微视频大学体育理论知识点介绍

微视频大学体育理论知识点构建首先对大学体育理论的教学内容进行整理与归纳，形成完整的大学体育理论知识体系，把不同的知识模块碎片化分解为多个可以在 5 ~ 8 分钟时间内完成教学的知识单元或知识颗粒，按照知识点重要性、难易程度、适用性对分解出来的知识点进行筛选，根据大学体育理论的教学内容模块划分进行重组，形成知识点系统。微视频大学体育理论知识点构建集中解决“哪些大学体育理论的内容适合制作成微视频学习资源”的问题，是微视频资源建设选题、内容构成和微视频开发制作的重要前提。

（二）微视频大学体育理论知识点构建的基本构成

1. 微视频教学的保障依据

微视频教学要求教学内容的选取聚焦“重点”“难点”“疑点”和“热点”，在微视频大学体育理论知识点构建过程中需对不同知识点进行多轮次的筛选，使学生在有限的时间内最大限度地掌握课程教学的核心部分，为微视频教学质量与学生学习效果提供保障。

2. 微视频教学鼓励学生自主学习

微视频大学体育理论教学通过网络教学平台开展在线教学，学生以自主学习

的方式完成大学体育理论的学习。自主学习的方式要求学习资源本身要具有很强的适应性，微视频教学要求教学内容是课程的重点和难点，但是过难的教学内容给学生造成了过大的学习负荷，不利于学生理解、完成知识内化。大学体育理论中的重点和难点知识，但不同体育项目的竞赛组织与编排的内容、方法、要求、操作等不尽相同，且内容程序复杂，相较之下此部分内容的适应性降低，显然不符合学生自主学习的特点及要求，此部分内容不宜采用微视频教学。

3. 微视频教学培养终身体育思想

微视频大学体育理论教学坚持“健康第一”的思想，以学生“终身体育”习惯的养成为人才培养目标，微视频大学体育理论知识点构建的内容系统构成，教学规划、教学设计以及不同内容的教学设计与安排应符合大学体育理论教学的整体性和阶段性的特点，真正开展分层教学。在大学体育理论的指导下，激励学生多元化的体育参与，在运动负荷与运动中非预设性因子的刺激下加强身体锻炼，掌握 1 到 2 项运动技能，养成终身体育习惯。

二、微视频大学体育理论教学实践

通过成立预测领导小组、编制问卷调查表、预测专家选择与确定、专家预测过程实施、专家预测结果统计与分析五个部分工作完成专家问卷调查。根据各部分工作的内容与进度安排制定流程图，严格按照计划进行。

（一）教学实践领导小组人员构成

预测领导小组是专家问卷调查的及相关工作开展的核心人员构成，微视频大学体育理论教学知识点构建预测领导小组成员主要由云南农业大学体育学院《微视频在大学体育理论教学中的应用研究》云南省教育厅科学研究基金项目的项目组成员构成。预测领导小组成员是院内一线教师，其中有四位教师有长达 10 年以上的体育教学与管理的经验，理论水平较高，具有典型性与代表性。

（二）教学实践工作内容

1. 制定教学实践目标

专家问卷调查分为 3 轮预测，每一轮预测的预测目标各不相同。第一轮的预测目标通过查阅 20 本大学体育理论的教材，整理和归纳出不同教材所包含的所有知识模块（单元），包括大学体育概述、大学体育教学与管理、体质健康测试、健康与亚健康、体育卫生与保健、科学体育锻炼、运动损伤预防与急性期处理、常见病体育疗法、传统体育养生、运动营养、运动竞赛组织与编排、休闲体育、户外体育、体育欣赏、体育文化共 15 个预测目标。

第二轮预测目标根据第一轮专家预测的结果进行筛选，筛选出来的知识模块下所包含的知识点或教学内容为第二轮预测目标，包括：大学体育概述、大学体育课程设置、大学体育课程教学与管理、大学体育学生学习多元评价、体质健康测试评价标准、体质健康测试内容与方法、体质健康测试组织与管理、健康与亚健康、女子生理期体育运动与保健、运动处方的制定、体育锻炼的环境选择、体育锻炼适宜负荷、体育锻炼自我监控、运动补水、运动饮食、运动性疲劳的产生于消除、身体素质练习、减肥与增肌、极点与第二次呼吸、准备活动（热身）、急性闭合性软组织损伤处理、心肺复苏术、冷敷和热敷正用与误用、止血、肌肉拉伤与挫伤的处理、踝关节扭伤的处理、骨折与脱位的处理、运动性腹痛的处理、肌肉痉挛的处理、低血糖症的预防与处理、运动性中暑的预防与处理、溺水的急救、腰背痛的体育疗法、肩背部筋膜炎的体育疗法、体育竞赛组织与编排、体育欣赏概述、休闲体育概述、户外运动概述、冬季体育锻炼指南、奥林匹克运动概述、中西方体育比较、伟人与体育、名校与体育、校园体育文化共45个预测目标。

第三轮预测目标根据第二轮专家预测的结果进行筛选，剔除专家集中预测“不重要”的大学体育理论内容，保留专家预测的重要或重要性较强内容，作为第三轮预测目标。

2. 制定教学实践方案

预测方案是专家问卷调查的过程组织以及相关活动开展的整体规划与流程设计，是此部分研究的重要组成部分。预测方案的制定、修订与执行等有关工作由预测领导小组负责。

（三）教学实践专家构成

专家问卷调查要求预测专家熟知预测目标，同时具有多年相关工作的经验，理论水平较高，综合能力结构全面，涉及面广，具有较好的代表性与权威性。本例专家问卷调查的预测专家由校内外多年从事体育教学、大学体育理论教学、现代教育技术教学与管理、微课教学、多媒体教学、体育教学管理、学校教务管理等工作的15位预测专家组成，专家组成员熟知预测目标，经验丰富，涉及面广，具有较高的代表性与典型性。

（四）教学实践调研过程

专家问卷调查未涉及隐私性、敏感性问题，因此公开进行跟踪调查，三轮调查对象均为15位预测专家，过程中调查对象未发生变动。调查起始时间为2016年9月15日，结束时间为2016年11月15日，共进行三轮调查，每一轮时间间隔为1个月。为避免专家意见的相互干扰，调查以分散调查的形式进行，预测专家未经任何形式的讨论，独立填写问卷调查表，填写完成既回收调查问卷。

（五）教学实践调研结果统计与分析

1. 第一轮教学实践调研结果与分析

第一轮专家问卷共15个预测指标，专家按照“非常重要”“比较重要”“不确定”“比较不重要”“非常不重要”五个标准（分别用1、2、3、4、5表示），对15个预测指标的重要性做出判断。其中“非常重要”“比较重要”为正向评定，表明该指标为重要性较强的大学体育理论教学内容；“比较不重要”“非常不重要”为负向评定，表明该指标部分的大学体育理论教学内容重要性较差。“不确定”不纳入计分。统计结果表明，大学体育概述（66.7%）、体育教学与管理（93.3%）、体质健康测试（73.3%）、健康与亚健康（73.3%）、科学体育锻炼（86.7%）、体育卫生与保健（86.7）、运动营养（80%）、体育文化（73.4%）、传统体育养生（73.3%）、运动损伤预防与处理（86.7%）、常见病的体育疗法（60%）11个指标的专家评定结果偏向正向评定，表明以上11个预测指标为重要性较强的大学体育理论教学内容；竞赛组织与编排（60%）、休闲体育（80%）、体育欣赏（80%）、户外体育（53.3%）4项预测指标专家评定偏向负向评定（百分比表示负向评定所占的比例），表明该四项指标内容为重要性较差或不重要的大学体育理论教学内容。因此筛除不重要的四项预测指标，所剩11项预测指标作为微视频大学体育理论教学知识点的11大模块，同时用作第二轮调查的一级预测指标。

2. 第二轮教学实践调研结果与分析

基于第一轮专家预测结果的筛选，第二轮专家问卷调查共11项一级预测指标，各一级指标有多个次级预测指标构成。预测领导小组最终编制的第二轮专家问卷共 40 个次级预测指标，每个次级指标代表不同大学体育理论教学内容。第二轮专家问卷同样为李克特五级量表，分“非常重要”“比较重要”“不确定”“比较不重要”“非常不重要”五个评定标准分别用 1、2、3、4、5 五个数值表示。其中“非常重要”“比较重要”为正向评定，表明该指标为重要性较强的大学体育理论教学内容；“比较不重要”“非常不重要”为负向评定，表明该指标部分的大学体育理论教学内容重要性较差。“不确定”不纳入计分。第二轮专家问卷调查结果统计通过 SPSS 计算 40 个预测指标的均值（M），若 $1 \leqslant M \leqslant 3$，表明专家评定偏向正向评定，表明该指标为重要或重要性较强的大学体育理论教学内容；若 $3 \leqslant M \leqslant 5$，表明专家评定偏向负向评定，表明该指标为不重要或重要性较差的大学体育理论教学内容。第二轮专家问卷调查结果按 11 个一级预测指标分开进行统计与分析。

健康测试、健康与亚健康、科学体育锻炼、体育卫生与保健、运动营养、运动损伤预防与处理、传统体育养生、常见病的体育疗法 10 个一级预测指标共包括 36 个次级预测指标，经 SPSS 描述性统计的均值（M）与微视频大学体育理论知识点第二轮专家问卷调查评定等级所对应数值之间的比较，研究表明，36 个次级预测指标所对应的教学内容均为重要的大学体育理论；一级指标“体育文化共”共包括“校园体育文化”“名校与体育”“伟人与体育”“中西方体育比较”4 个次级指标，其中“校园体育文化”“名校与体育”为正向评定，表明为重要内容，但“伟人与体育”“中西方体育比较”为负向评定，表明伟人与体育和西方体育比较为不重要或重要性较低的大学体育理论教学内容，微视频大学体育理论教学知识点应筛除伟人与体育和西方体育比较两项知识内容。因此，第三轮专家预测目标为伟人与体育和西方体育比较之外的 38 个第二轮预测指标。

基于第二轮专家问卷调查结果的筛选，第三轮专家问卷调查共 11 项一级预测指标，38 个次级预测指标。第三轮专家预测问卷除了筛除“伟人与体育”和“西方体育比较之外”2 个次级预测指标外，未对第二轮专家预测问卷做任何变动。

通过对第二轮专家问卷调查数据与第三轮专家问卷调查数据各 38 个指标对应的 38 组数据进行 Spearman 等级相关性检验，结果表明：38 个次级预测指标第二轮和第三轮专家预测所得的原始数据（除“体质健康测试评价标准”“极点与第二次呼吸”“名校与体育”外）相关值达到“1”且显著性水平 Sig 为 0.000，可判定为 38 个指预测标除“体质健康测试评价标准”“极点与第二次呼吸”“名校与体育”外的 35 个次级预测指标第二轮和第三轮专家预测所得的原始数据“完全重复”；“体质健康测试评价标准”“极点与第二次呼吸”“名校与体育”三个指标第二轮和第三轮专家预测结果原始数据 Spearman 等级相关值分别为 0.878（Sig=0.000）、0.781（Sig=0.000）、0.874（Sig=0.000），可推断出“体质健康测试评价标准”“极点与第二次呼吸”“名校与体育”三个指标第二轮和第三轮测试数据可表达同个内容，基本可判断为“完全重复”。此时，无需对第三轮专家预测结果进行统计与分析，专家问卷遵循第二轮专家预测统计与分析所得的结论。

因此，根据第二轮专家问卷调查的结论形成微视频大学体育理论教学知识点，绘制图表，完成微视频大学体育理论教学知识点构建。

第三节　翻转课堂引入普通高校公共体育教学的研究

一、翻转课堂的教学理论与方法

通过对翻转课堂的基本理论进行探讨，将翻转课堂引入高校公共体育教学便有了基本的思路和框架。依据教学模式及构成要素对翻转课堂基本理论的探讨属于宏观层面，对各个学科的教学来说具有理论指导的普适性，但是，由于体育学科有着自身的特点，故而在高校公共体育教学中实施翻转课堂还应有一套自身的理论与方法。

（一）实施翻转课堂的理念和指导思想

理念是人们对教学实践的一种价值取向，不同的教学理念会影响到教学的实践。《中共中央国务院关于深化教育改革，全面推进素质教育的决定》指出，学校教育要树立“健康第一”的指导思想，实施素质教育要以培养学生的创新精神和实践能力为重点，必须把德育、智育、体育、美育等有机地在教育活动的各个环节中，从而促进学生的全面发展和健康成长，并提出了培养学生竞争意识、合作精神和坚强毅力的基本要求。从《中共中央国务院关于深化教育改革，全面推进素质教育的决定》的指导精神可以看出，素质教育、健康第一、全面发展是我国高校公共体育教学的基本理念。

教学指导思想是教学理念的重要内容，是任何一种教学模式的构成要素和灵魂，它对教学模式各要素具有导向作用，是教学模式生成的依据和基础，并对教学模式的各个要素之间的组合关系产生深刻的影响。在我国学校体育确立“健康第一”的指导思想之前，我国学校体育的指导思想一直没有定论，在经历了百家争鸣之后，逐渐形成了“健康第一”“培养三基”“技术健身”“快乐体育”“成功体育”“终身体育"等体育教学指导思想。在各种体育课程指导思想的影响下，有些体育教师显得无所适从，在教学实际中只能依据个人的理解和价值认同情况选择其一，“重知识、轻能力”“重体验、轻结果”“重健康、轻技术”等问题不断出现，从而影响了我国体育教学的良性发展。

（二）翻转课堂模式下普通高校公共体育教学目标的设计

目标是指对活动结果所预先设想或拟定的要求、标准，希望体育教学活动达到什么样的结果，就应该依据这些结果提出相应的体育教学目标。2002 年教育部发布了《全国普通高等学校体育课程教学指导纲要》，将高校体育课程的基本目标确定为五个领域，即运动参与、运动技能、身体健康、心理健康和社会适应，至此，我国普通高校体育课程的基本目标开始明确，五个领域成为我国高校体育课程目标提出的依据，翻转课堂模式下普通高校公共体育教学目标的制定也应围绕上述五个领域来制定。

1. 课前体育教学目标的制定

由于翻转课堂是一种“学在前，教在后”的教学模式，要求学生在课前通过在线课堂学习教学内容，并且要达到学会的程度，教师通过在线交流平台给予学生及时的指导。新知识、新技能和新方法是每一个学生课前学习的基本内容，学会新知识、新技能和新方法自然也成为课前最为主要的班级体育教学目标。另外，学生课前在线学习体育知识、体育技能和体育锻炼方法等，对学生的自主性要求较高，体育教学实际中，总有一些学生因自主性未能达到课前学习的基本要求，有的学生虽然能够完成课前在线学习目标，但却也表现出不适应课前自主学习这种形式。由此可见，制定课前班级体育教学目标，不能仅仅停留在学会新知识、新技能和新方法上，还应提出情感类教学目标，从而不断提高学生学习的情绪、兴趣和意志力，端正学生的体育学习的态度、动机和价值观，从而达到不断提高学生自主学习能力的目的。情感领域教学目标具有隐蔽性，它需要诉诸于各种体育教学活动才能实现。除此之外，制定教学目标是还要注意认知、技能和情感三个领域教学目标之间的有机结合，例如，在为充分尊重学生的个体差异，引起学生体育课程学习的需要和兴趣，让不同体育学习能力的学生在其现有体育基础上进一步提高，个人体育教学目标的提出必不可少。个人体育教学目标主要依据学生在体育课程学习中所存在的问题而提出，针对性相对较强，这有赖于体育教师对学生特点及学习情况的了解。课前，在线虚拟课堂设计了不同的体育教学内容，知识性类的、技能类的、锻炼方法类的以及体育比赛欣赏类的等，学生在完成班级和小组体育教学目标的情况下，可以依据个人的喜好及个人体育学习需求，有选择地学习相关内容，从而达到提高的目的。个人体育教学目标是对学生体育课程学习的引导，也是对不同学生个体提出的针对性极强的学习要求，既有利于学生的体育课程学习，还能让学生感受到体育教师的关怀与督促，这对端正学生体育学习的态度和激发体育课程学习的兴趣非常有利。

2．课中体育教学目标的设计

学生虽然在课前对教学内容进行了学习，但毕竟没有经过教师的面对面的指导，学生对体育技战术以及锻炼方法的掌握还不规范，因此，规范体育技战术及体育锻炼方法便成为课中体育教学目标的首要内容。再者，在确立教学目标时应突出体育教学增强体质、促进身心发展、发展体能的本质功能，同时兼顾学生的全面发展。在网络教学平台上，学生主要依据教学视频等教学资源等对体育的新知识、新技能和新方法进行了初步的学习，并没有经历专业的体育实践，因而缺少了对新知识、新技能和新方法的内化过程，学生无法从身体、心理两个方面深入体验体育，这就难以达到增强体质、促进身也发展和提高能力的目的，可见，内化新的教学内容以加深学生对体育的身心、体验，自然也成为课中的体育教学目标。第三，除了加深学生对体育的身心、体验之外，还需重视学生对体育的情感体验，这是端正学生体育学习态度、激发体育学习兴趣的重要环节，因此，课中体育目标中还应该包括情感体验目标。第四，提升综合能力是课中体育教学目标设计的最终目的，这也是课中体育教学目标的重要组成部分。

3. 课后体育教学目标的内容

在课后，学生的学习任务包括了两个主要方面，一是学生通过进一步的体育练习来巩固所学的体育知识、技能、体育锻炼方法，二是学生对课前、课中的学习过程进行反思和总结，进而提高自己后续体育课程学习的实效。从结果与目标的对应性可知，翻转课堂模式下的体育教学，其课后体育教学目标的设计需要围绕这两个方面来制定，即进一步巩固学生对体育知识、技能和体育锻炼方法的掌握，让学生通过反思和总结来完善其对后续体育课程的学习。可见，反思学习过程、巩固学习内容是课后体育教学目标设计的主要内容。

二、翻转课堂模式下体育课程的教学策略

翻转课堂的教学策略可以分为课前教学策略、课中教学策略和课后教学策略三个基本类别，每一个类别又可分为不同的亚类，这就为分析普通高校公共体育教学中实施翻转课堂的教学策略提供了依据。下面依据翻转课堂教学策略的三个基本类别分别进行探讨。

（一）翻转课堂模式下的课前体育教学策略

《教育信息化十年发展规划》明确提出：优质教育资源和信息化学习环境建设是教育信息化发展的基础。翻转课堂作为教育教学信息化发展的模式之一，自然也要重视优质教学资源和信息化学习环境的建设，这实际上就是翻转课堂的在线虚拟教学平台建设问题。翻转课堂模式学生课前对体育教学内容的学习是通过在线虚拟教学平台而实现的，因而在线教学平台的建设就成为了实施翻转课堂的前提和基础。建设在线体育教学平台应该做好如下工作：

1. 选择优质的网络教学平台

当前来看，可选的网络教学平台不断增多，像 MOODLE、Canvas 等都是较为常用的网络教学平台。选择网络教学平台，既要考虑该平台的功能，又要考虑现有网络环境是否能够满足教学的需求。

2. 完善体育教学资源

学生课前对体育课程的学习主要依赖于体育教师上传的教学资源，教学资源

的质量会对学生课前的学习效果及学生对体育课程兴趣的培养产生直接影响，因而做好体育教学资源的开发与上传成为建设在线虚拟体育教学平台的关键。体育教学资源的表现形式主要有微视频、动画制作、PPT 以及与体育教学内容相关的文字材料等，这些体育教学资源的来源途径有两个。一是体育教师的制作，二是对现有网络教学资源的搜集、整合和加工，无论哪一种方式，都要力求做到短小精悍。所谓短，主要是从学生对体育教学资源学习时间上来说的，因为过多的占用学生的学习时间既会影响到学习的效率，也可能会影响到学生在线学习的兴趣。所谓小，主要是指主题小和文件小，以微视频为例，一个微视频一般只讲一个主题，播放时间控制在 5 ~ 10 分钟，同一次课的微视频不宜过多；微视频的文件也要小，这有利于视频的上传和学生的下载。所谓精，主要指教学资源的设计精、制作精和讲解精；所谓憾，是指上传的体育教学资源要能够产生“震撼”的效果，从而能够吸引学生，让学生在学习体育教学资源之后难以忘记。据研究，大学生更喜欢视频类的学习资料，因而微视频的制作则成为体育教学资源开发的关键。

3. 营造良好的在线体育教学环境

为了能够吸引学生，在线体育教学平台还应重视环境的营造。一般情况下，一个在线虚拟教学平台除了教学资源上传模块之外，还应包括在线交流模块、在线测试与评价模块、学习成果展示模块、作业的发布与批改模块、讨论模块以及学生在线学习的跟踪与监控模块等。学习的跟踪与监控主要是从学生对在线虚拟教学平台的登录次数和时间来显示的，因而无须体育教师进行设计，而对于其他模块的建设，体育教师都要力求做到视觉化、精细化和个性化，各个模块组合后要力求吸引学生。

（二）指定在线体育学习评价策略

1. 课前体育教师讲解和示范的策略

翻转课堂模式下，学生的课前学习是课中学习的前提和基础，学生只有完成课前的学习目标，后续的课中教学才能顺利实施。如何评价学生的课前学习效果，这是在我国普通高校公共体育教学中实施翻转课堂所面临一个难点。对于文化课教学来说，教学内容以知识为主，任课教师可采用在线测试的方式来评价学生对教学内容的掌握情况。但体育教学内容以技能为主，单凭在线测试，体育教师只能了解学生对体育知识的掌握情况，而对学生体育技能的掌握情况却无从判定，这就需要体育教师另辟蹊径。

在信息化社会的今天，智能手机、电脑等网络终端得到了普及，利用各种网络信息平台进行学习和交流已经成为人们的习惯，在此情形下，教师要充分发挥各种信息交流平台的作用，将其应用于翻翻转课堂的教学之中。通过对翻转课堂应用于我国普通高校公共体育教学的经验总结，对学生在线体育学习效果的评价可以从以下三个方面进行。第一，通过学生在线测试的结果评价学生对体育知识的掌握情况；第二，让学生以组为单位将体育技术动作的练习情况排成视频，并传至微信、QQ 群等信息交流平台，体育教师只需在线浏览几个小组的视频便可以全面了解学生的体育技术掌握情况；第三，体育教师通过信息交流平台发起有关体育技术学习的讨论，并通过讨论情况来评价学生对体育知识、技能的掌握情况。

2. 制定授课期间策略

翻转课堂模式下的体育教学，体育教师可通过在线交流、在线测试的情况，对学生在学习过程中所存在的问题进行了解，对于带有普遍性的问题，体育教师需要在课中进行统一的讲解和示范，对于学习小组或个人的问题，体育教师可以通过个别指导的形式进行解决。就讲解来说，体育教师应该找准问题的主要节点进行“精讲”，从而高效的帮助学生理解，无须再像传统教学模式那样由易到难的进行系统讲解，因为学生在课前已经对体育教学内容进行了自主学习，大多数学生是因为一个或几个点理解不透而导致了问题的出现。如果体育教师再像传统教学模式那样围绕一个问题喋喋不休的进行讲解，不但会过多的占用课堂时间，让学生产生一种厌烦情绪，而且会影响到学生课前在线学习的自主性，如果体育教师在课中依旧过多讲解，学生在课前学习的积极性就会受到影响，与小组成员、体育教师的在线交流也会减少，总是习惯于依赖体育教师的课中讲解，长此以往，翻转课堂就会逐渐回归到传统课堂。

课中，体育教师需要通过组织教学活动来加速学生对所学体育知识、技能和方法的内化，活动的形式主要有师生共练、分组探究和练习、组间比赛、学习成果展示、分享学习感受等。所应提出的是，学生在课前虽然对体育教学内容进行了自主学习，但毕竟没有体育教师的亲身指导，所模仿的体育动作技术并不规范，规范学生的体育动作技术就成为课中教学的重要任务，一个重要的方法就是体育教师带领学生一起进行动作技术练习，这一体育实践活动形式是必不可少的，而且这种师生共练的形式应该放在各种体育实践活动的前面，这有助于及时纠正学生的错误动作。分组探讨和练习是加深学生动作技术体验的重要途径，组间比赛是营造体育课堂氛围、加强学生团队协作的重要手段，而学习成果展示、分享学习感受则是为了让学生获得体育课程学习的成就感，进而激发学生体育课程学习的积极性、培养学生体育学习的自主性。各种活动有机结合后，有助于达到提高学生身心、健康、培养学生能力的目的。

3. 制定课下体育教育策略

学生对体育教学内容进行了学习和实践，特别是在课中对各种活动的参与，有助于将所学知识、技能和方法内化为能力，送与学习金字塔理论所提倡的主动学习、建构主义理论所提倡的学生为中心是一致的。但是，从认识的形成过程和动作技能形成的基本规律来看，学生在课前、课中的体育学习与实践过程依旧是不完整的。在认识形成的过程中，一般需要主体发挥注意、试探、体验、识别、表达、试用、整合、记忆等智力活动的作用，统观学生在课前、课中学习与实践过程，其本质是学生这一主体发挥注意、试探、体验、识别、表达和试用的过程，所缺少的是对知识、技能和方法的整合以及在整合后的巩固，因而还不是一个完整的认识形成过程。

三、翻转课堂模式下教学的实施

（一）在线平台的选择途径

学生的课前体育学习是通过在线虚拟网络教学平台上实现的，这一平台对学生课前体育课程学习的效果产生深刻影响，因此，在线虚拟网络教学平台的建设自然成为体育教学中实施翻转课堂的基础和关键。判断一个在线虚拟教学平台的好坏可以从是否有利于教师的教“和”是否有利于学生两个方面进行，因此，一个好的在线虚拟教学平台应该具备两个特点：一是吸引力强，有利于提高学生的学习效果；二是功能完善，有利于教师课前教学的开展。在线虚拟体育教学平台建设的第一步是选择一个网络教学系统作为平台，之后再展开对平台的建设。随着教学信息化的不断深入，各种各样的网络教学平台不断地出现，像 Moodle、 canvas、腾讯网络教学平台、网络综合教学平台网络教学系统以及 SPOC 等，这些平台或系统已经被广泛应用于各类课程的教学之中。各种教学平台的功能和特点有所区别，体育教师可以依据个人喜好及体育课程教学的需求进行选择，最终要达到有利于教师教和学生学的目的。

（二）完善在线体育教学平台建设

在线网络教学平台的搭建不仅要充分考虑学科和相关课程的特点，还要充分结合教学对象的也理特点，平台的各个模块以及所上传的教学资源组合在一起要能够营造出良好的学习环境，送样才能更好地吸引学生登录学习。除了体育教学资源的上传模块之外，一个好的在线虚拟体育教学平台还应包括师生交流答疑、问题讨论、学习成果展示、在线测试与评价、作业发放与回收、通知发放以及学生信息资料等模块。

1. 上传模块在教育平台的建设

建设体育教学资源的上传模块主要包括两个方面，一是紧紧围绕体育课程、教学内容上传教学大纲、教学计划、教案、教学微视频、PPT 以及相关教学资源，从而让学生明白要学什么、怎么学、学的目的和基本要求等问题；二是上传与体育教学内容相关的、带有拓展性质的教学资源，例如体育明星在比赛中对某一个体育技能的使用技巧，这不但有助于营造良好的在线体育教学环境，让学生深入了解体育教学内容，而且有利于激发学生的体育学习兴趣，促进学生对体育课程的进一步学习。

2. 交流答疑模块在教育平台的建设

师生交流答疑模块的设置，是为及时解决学生在体育课程学习中所存在的问题，同时也可以作为师生日常交流的平台。翻转课堂的开创者乔森纳·伯格曼（Jon Bergman）和亚伦·萨姆斯（Aaron Sams）认为，单向传授的视频传播并非翻转课堂的重点，他们最为关注的是有利于发展学生深层次认知能力的师生、生生之间的交流与互动，这足以说明了设置该模块的重要性。翻转课堂是以学生分组为前提的教学模式，学生个体在线体育学习过程中遇到难以解决的问题，一般要先在小姐内容进行讨论解决，如果小组内部难以解决，再由小组长统一反馈给体育教师，由体育教师在线解答，也可以由小组长将问题带到课中，由体育教师当面解答。在体育教学实际中，体育教师的时间和精力是有限的，24 小时在线解答学生的问题是不可能的，体育教师可以和学生事先约定好每天在线解答问题的时段，集中解答学生的问题。

3. 问题讨论模块的建设

问题讨论模块的设置为学生之间的交流互动提供了方便，同时也有利于学生实现探究式学习，这对培养学生的逻辑分析能力非常有利。对此那次教学实验结束后的调查结果显示，翻转课堂模式下，有 85.37% 的学生能够在课中积极参与到各种学习讨论之中，这充分说明了各种学习讨论活动在普通高校公共体育教学中的重要性。体育教师可以依据体育教学内容中的重点和难点设置出供学生讨论的题目，在必要的情况下，体育教师也可以参与到讨论之中，这又进一步促进了师生之间的沟通与交流。

4. 体育学习成果展示模块的建设

各个小组学生的学习成果展示，这不但有助于各个小组之间的学习交流，而且有助于让学生体验到自身在体育课程学习中的进步并产生自豪感，同时对于营造在线体育学习环境、培养体育学习氛围具有重要作用，这也是增加在线体育课程教学平台的吸引力一个重要渠道。再者，学生的体育学习成果展示是学生在线体育课程学习情况的反馈，体育教师依据学生的实际表现，可以对学生在体育课程学习的基本学习情况直观了解，这为体育教师设计课中体育教学提供了依据。体育学习成果展示的基本形式主要有图片和视频两种直观形式，展示的主体一般是某一小组的全体成员，也可以是某一小组的学生个体，所展示的内容主要是课前在线自主学习的内容。体育教师可以对某一个或几个小组提出体育学习成果展示的要求，也可以对每个小组都提出体育学习成果展示的要求，这要依据各个小组的体育课程学习情况而定。学生所展示的学习成果要求是正面的，这可以激发学生体育课程学习的动力，如果学生所展示的体育动作不规范、所表现的态度不认真，则必然会对各个小组之间的交流不利，也容易让参与展示的学生产生挫败感，这必然会对学生的后续体育课程学习产生不利影响。

5. 在线测试与评价模块

学生依据教学的要求进行在线学习，在学习告一段落之后需要对学习效果进行检测和评价，从而对自身的学习情况有所了解。在线测试的题目是体育教师依据教学内容事先设计的，形式类似于日常的纸笔测验，学生在答题结束后，系统会对答题结果自动分析，直观显示学生的答题情况，并给出简要的评语。体育教师也可以依据学生在线答题的情况，对学生体育知识与技能的学习结果给出评价，评价的内容既可以是鼓励性的语言，也可以是某一问题的细节点以帮助学生理解。

（三）翻转课堂模式下普通高校公共体育教学的课中实施

知识内化分为同化式的内化和顺应式的内化两种，用已有知识理解、包容新知识的过程是同化式的知识内化，用新知识理解、包容已有知识的过程是顺应式的知识内化，知识内化是一点点或一块块进行的，而不是一下子就能完成的，尤其是对于复杂的、非结构的、不能自发建立的知识。知识内化承载着知识的外部活动向个人思维的内部活动的转化，本质上就是促进思想不断生成与改进的过程。在体育课程学习的过程中，学生既需要在现有体育知识和技能的基础上理解和掌握新的体育知识和技能，又需要用新的体育知识和技能来改进和提高原有的体育知识和技能水平，因而同化式内化和顺应式内化是交替出现的。再者，体育课程的学习具有手脑并用的特点，其知识和技能都不是学生能够自发建立的，因而学生体育知识与技能的内化过程也必须要一点点或一块块的进行。在经历了课前体育学习之后，学生对体育教学内容有了初步的认识和理解，但在体育技术动作的规范性和熟练程度上都还存在不足，这就需要体育教师进一步规范学生的体育技术动作并提高其运用的熟练程度，通过面对面的讲解、示范、巡回指导以及组织体育活动等来进一步促进学生的体育课程学习，从而促进学生体育知识与技能的深度内化。

翻转课堂模式下课中体育课程教学的基本结构可分为准备部分、基本部分和结束部分，这与传统体育教学的课程结构相类似，为了真正实现学生知识、技能向各种能力的内化，在课的基本部分，翻转课堂将体育教师讲解和示范的时间大幅压缩，从而使学生的从事体育活动的时间容量大大增加，这是翻转课堂与传统课堂的一个重要区别。

第四节　新课程背景下体育校本课程文化的反思与重建

一、新课程背景下体育校本课程文化的失落及产生原因

体育学科课程意识，简而言之，就是体育教师在体育教育与体育课程的整合过程中，对于体育课程意义、本质等的敏感度和自觉性程度。体育学科课程意识是体育课程理念与体育课程行为的纽带与桥梁，很大程度上影响着体育教师在体育课程实践过程中对于自身关注点及行为方式的调节与控制。

（一）体育校本课程文化失落的问题表征

由于长期以来实行集中化体育与健康课程管理模式，相当数量的体育教师由此养成了较为严重的心理依赖。在这种控制型体育与健康课程“文化场域”的影响下，体育教师不必也不可能具备敏感的体育学科课程意识，其单单是上级指令的具体实施者，只需要把体育大纲所要求的东西教给学生就可以了。加之新课程实施以前我国的深受苏联教育学的影响，体育教师拥有浓厚的教学意识，而没有体育学科课程意识，更是将思维局限于课程标准和教科书的狭窄范围。经过几十年的历史沉积，体育教师的体育课程开发参与意识淡薄，相关开发知识与技术相对缺乏，专业化程度也相对较低。由此，主管体育教学的领导与体育教师在面对体育校本课程这个新概念时就更加缺乏相应的了解。例如：实践过程中时常看到许多体育教师对于体育校本课程的内涵、开发方式与方法等仍然认识模糊，一头雾水。

1. 体育校本课程文化固化守旧

体育校本课程建设的复杂性，加之一些学校在人力、财力、物力投入有限，要求各方人员加入，形成完备的体育校本课程的建设条件往往相对困难。而且在实践过程中上，由于各方人士在知识、能力等方面的差异性，其所能发挥的合力作用也是相当有限的。由此就造成了，体育校本课程成为少数甚至某个体育教师“孤军奋战”的事情，有相当一部分的体育教师自动将自己视为“局外人”，以一种旁观者的心态看待体育校本课程建设。同时也可以看到，一些学校非但不以

开放的姿态去与兄弟学校进行学习和交流，想方设法地融入飞速变化的体育教育大环境中，而是停留在一个封闭的体育课程开发环境当中，这无异于“闭门造车”。在这种情景下进行的体育校本课程实践，出现了投入大、耗时长，但体育校本课程的质量与效果却欠佳的不良状况。

2. 价值取向的功利化倾向

在当前新课程改革的背景下，许多学校开始重视特色的体育校本课程的建设，广大体育教师也逐渐主动参与到体育校本课程研制活动中来。当地教育主管部门更是在学校的各种荣誉称号和体育教师的考评、晋级的评定中加大了体育校本课程的分量。

众所周知，体育校本课程作为从西方引入的课程形态，可以说是在我国新的体育与健康课程政策的强力催生下出现的。这就要求体育教育工作者在理解与运用的过程中，对其应不断地吸收与转化，以形成真正具有本土特性的体育校本课程，这是一个“滚雪球式”的长期过程。但是在体育校本课程的建构实践中，一些学校与体育教师存在把体育校本课程的建构简单等同于形成体育校本产品，无视或曲解国家制定与颁布“三级课程、三级管理”的初衷，极具功利化倾向。以至于，一些学校过分的将目光集中于有形的体育校本课程结果可供参观的团体表演、成套的体育校本教材等，片面地强调具有表演性质的体育项目，忽视本校学生真实的需求与兴趣。例如：部分学校在缺乏相应开发条件与思想准备下，由个别体育老师主观的形成各色的体育校本课程名目，将体育校本课程开发看作是开发物化的、纯文本的东西，短时间内形成琳琅满目的“体育教材”或“体育展示项目”。

这样“功利化”倾向浓重的体育校本课程实践所开发的地产品，对于学校或学生的使用性可想而知。

3. 文化自觉意识匮乏

从体育校本课程的历史发展上来看，我国体育校本课程的研究与实践是在一种“西为中用”的基础上形成并发展起来的。众所周知，我国体育校本课程的提出与实践，一定程度上是借鉴了国外体育课程改革的经验。通过吸收与借鉴西方体育课程理论，一方面丰硕了我国体育课程理论体系，与世界体育教育的发展形成良好的接洽，另一方面推动了我国新时期体育教育改革的进程，是历史所需。在引进西方课相关理论时，对其进行一定的有效转换，有选择地吸收其相关内容也是必需的。

但是，在当前体育校本课程实践过程中，人们将更多的目光与精力集中于对国外体育校本课程理论的移植与搬照，却少有对其本土化的改造、继承与发展。例如：当前各类学校所采用的体育校本课程模式，无非是大家熟知的目标课程开发模式、实践课程开发模式、过程模式、环境模式；在对待我国现存的体育大课间、体育活动课程、体育课外兴趣小组等体育课程开发传统与经验时，显得“决裂”有余，传承不足；体育校本课程评价的方式与手段，更是套用一般课程开发的评价方法。

然而，西方的体育校本课程无论在实施背景、架构体系等，与我国现实状况存在很大差异。这种差异性的存在将在很大程度上降低西方体育校本课程理论在我国实践中的效度。“拿来”与“转换”的比重失衡在很大程度上体现出当前体育校本课程文化中文化自觉意识的匮乏与缺失。

（二）体育校本课程文化失落的根源

1. 工具理性对价值理性的入侵

17 世纪以后，由文艺复兴带来的理性精神和求实态度，严重影响了近代科学的兴起，使社会的发展得到了质的飞跃。理性主义，作为科学发展的认识论指导，将人们从神学的桎梏中解放出来，以至于社会的各个角落无不弥散着对其统一的信仰。分属于不同阶层的人们不仅愈加推崇理性、赞扬理性，而且将其视为把握重建自身与社会的有用工具。在理性主义思潮影响下，人们不仅在探索自然的能力方面有了实质性的提高，而且在自然科学领域更是获得了巨大的成就，大力推动了人们的思想观念及整个社会根本性的转变与发展。

反观当前我国体育校本课程文化的缺失，本质上就是工具理性对价值理性的入侵。停留于技术、内容更新的体育校本课程，依然按照旧有的准则与逻辑运转，很难从本质上转变传统体育课程长久存在的工具角色与地位。但是，脱胎于体育文化母体的体育校本课程从中所继承的是它的本质形态、内在价值与情感，再现体育文化深层次的内涵特征，而不是机械的、被动的维护、复制、传递体育文化实体的逻辑过程。基于工具理性主义的体育校本课程的逻辑和机制是对体育文化自觉、自为品性的压制，是对作为存在之源的体育文化本体的深度遗忘。工具理性割据了作为体育教育主体的学生与体育文化的深度对话，“占有”课前整理好的体育知识与技术成了真正的实践目标，体育教师与学生正是为了完成这个目标而存在。在深切关注学生、发展学生以及传承体育文化的道路上，体育校本课程渐行渐远，偏离了其被赋予的历史使命。

2. 之后的配套的保障体系

体育校本课程是从西方引入的体育课程形态，可以说是在我国新的体育与健康课程政策的强力催生下出现的。众所周知，体育与健康课程改革是一项系统工程，不仅需要多方人士的共同的参与和配合，也需要一系列配套措施的及时跟进，诸如体育招生考试制度、体育教师教育机制、体育课程管理机制、经费投入、硬件设施等。显而易见，这些保障体系的存在对体育校本课程的创建与深化发展同样有着十分重要的作用。然而就目前的情形来看，这些配套措施的改革虽早已着手，却相对滞后，力度相当有限，由此使得各基层学校在体育校内实践中面临着重重的困难。从当前的状况来看，以下方面尤为迫切。

培养能够应对新形式下体育与健康课程的体育师资。对于体育教师作而言，他们不仅是体育与健康课程改革的主要实践者，而且负担着进一步推动本校甚至本地区体育教育发展的重任，必须让他们对其具备深入的理解与认识，以自觉地态度积极参与到学校体育教育实践当中。通过各种形式的师资培训与校本教研，在岗体育教师一方面能够深刻的领会新课程改革的深意，另一方面及时的弥补在体育课程研制等方面的不足，顺利完成新情态下的学校体育教育目标。因此，构建完善的体育教师培训相关制度，为广大体育教师提供进步与成长的条件，是新课程深化发展的重要前提。同时，为了应对新课程的体育师资问题，各类体育师范院校也应当出台新的体育教师教育培养方案，力求培养出“一专多能”的复合型体育教师，以确保能够胜任新形式下体育与健康课程改革的要求。

强化体育校本课程研制的条件保障。正如一项工作的展开离不开基本条件的保障，体育校本课程的研制也是如此。因此，要实现体育校本课程高质量的研制，不仅要在经费、教师编制、激励机制上给予补充，而且相应的场地、器材、人员聘请、激励机制等方面也应当予以相应的支持。如果没有上述体育校本课程建设所需要的条件保障，体育教师将无法进行相应的研制工作，更不用说达到理想的效果了，这也将极大的影响体育校本课程研制者的信心与热情。

3. 标准化的考试制度阻碍

在体育课程中，倡导以体育运动作为载体，使学生能够在动态中对周围世界中的各种价值进行直接的感受与体悟，实现体育课程独有的运动文化立场。但是目前我国体教育中依然存在有大量的应试教育现象，以体育升学考试为导向，偏重于体育知识与技能的传授，将体育课程视为“无关紧要”的小学科等。那么，改革当前的考试制度，推行多元化的体育课程评价制度，是实现体育课程的运动文化立场的重要因素。

标准化的考试制度阻碍体育校本课程的进程。我国是最早创立人才选拔制度的国家之一，考试作为甄别、评定个体素质差异的有效手段，在各个历史时期都有着举足轻重的地位。而对于教育领域来说，考试更是被视为确保教育质量，促进人发展的核心举措。在新一轮的基础教育课程改革中，考试制度的改革被当作重要内容，关系基础教育课程改革的成效。例如：调整僵化的考试内容，以有效考察学生的各种素养；减少识记部分的内容，增加对学生组织、分析能力的考察。然而，当前考试制度的改革仍然不够彻底，有碍于改革的深化与发展。在课程实践中，许多学校仍将目光聚焦在重点、必考学科上，忽视德育、体育、美术等“小学科”“成绩至上”“课程差异”的问题并未在本次基础教育课程改革中被彻底摒弃，这也就使得那些不属于升学考试的内容，如课外活动、校本课程、选修课程则遗忘于教育的角落里，被当作可有可无的“附属品”。在这样的大环境里，各科的老师亦是将更多的精力放在与升学考试相关内容的教学上，至于其他的课程形态或内容则缺乏热情和关注。体育校本课程更多的时候被视为应景之作，在上级领导对学校进行视察或参观时就拿出来展示一下。这样的体育校本课程，大多是学校“赶潮流”式的开发，缺乏细致考察与充分思想准备，也就更谈不上体育校本课程所蕴含的文化意蕴了。

另一方面，就体育校本课程本身而言，上级教育部门或开发学校对于体育校本课程计划与组织的评价，往往集中于该校的学生是否在某项比赛中的获得奖项与名次，是否拥有可供参观的团体体育表演、成套的体育校本教材等，而无视学生在运动实践中所获的感受与体验，极具功利化色彩。体育校本课程更多的时候被当作应景之作，在上级领导对学校进行视察或参观时就拿出来展示一下。

（三）体育校本课程文化重建的策略

著名学者S·M科里（S·M.corey）认为，各种教育研究理应由其应用者来主持，才能最终转化成各种成果。R·蔡斯（Zais，R）也认为课程工程是“课程研制、课程修订和课程实施等的集合过程”。由此可见，课程文化的重构过程中应该重视课程编制主体和课程设计两个方面。所以，对于体育校本课程文化的重建，本研究将从主体性和实践性两个方面提出相应的策略。

1. 树立先进的办学理念

学校在体育校本课程文化建设中处于关键和核心地位。就学校主体而言，其在体育校本课程文化的建设中应该采取以下策略：

树立先进的教育思想和鲜明的办学理念。学校的发展需要有人力、财力、教育基础设施等基本要素的支撑，遵循基本的办学原则和规律，这是各级各类学校发展的普遍规律。同时，党和国家对我国各级各类学校的性质、方向和培养什么样的人亦有明确的规定和要求。然而，这些规律和规定作为原则性的要求，却很难关涉到不同类型学校的具体情况，这在客观上为教育思想和办学理念的确立提出了需求。这就客观上要求学校要有“校本化”的教育思想与办学理念，也即学校通过对自身所处的现实环境、办学条件和主体构成等方面的深入分析，进而选择和明确自己的发展路向。

另外，随着当前社会的迅速发展与急剧变革，学校教育的发展越来越依赖于先进的教育思想和鲜明的办学理念。教育思想与办学理念作为学校组织的灵魂，它不仅彰显着学校的教育价值和主张，而且能够有力的激励和约束组织成员的行为和行动，使学校组织因此充满凝聚力和战斗力。这就使得各级各类学校自创校之初就十分重视本校的办学理念。比如，同样是九年一贯制的学校，有的学校的办学宗旨是“培养有思想的领袖级学生人才”，而有的学校则是“尊重个性、挖掘潜力”。正是这些学校办教育思想和办学理念的独特性，奠定了他们在当地乃是全国教育体系中成为一流学校的基础。

社会已经将更多的教育权利赋予学校，先进教育思想和鲜明办学理念的贯彻落实不仅是社会发展的要求，更是学校自身发展的诉求。正是因为有了这种诉求，各级各类学校方才进行各色的体育校本课程实践。由此可见，一所学校缺乏先进的教育思想和鲜明的办学理念，其也不可能开展体育校本课程的研制。即使有，也只是缺乏细致考察与充分思想准备的“赶潮式”开发，更谈不上对于学生的适切性与文化意蕴了。

建设有效、民主的学校组织结构。体育校本课程的研制要求学校有一个有效、民主的学校组织结构。体育校本课程的研制是一个复杂的过程，它不仅需要学校各成员之间能够有序的沟通，明确自身工作的规范，而且要求参与者有高度的认同感，愿意为共同的体育校本课程远景努力。有效、民主的学校组织结构能够分散权利，使得各个部门和个人能够进行沟通，调动参与人员的热情与积极性去实现体育校本课程的目标。因此，组织结构是否符合学校的现实状况，对于身处改革与创新浪潮中的任何一所学校来说其影响都是十分明显的。

建立起科学、自律的“校本”评价体系和审议制度。体育校本课程文化是以满足学生体育发展为导向，学校依据自身实际状况自主构建的具有学校特色的体育课程文化。其更是因人、因事、因地而有极大的弹性和差异性，所以我们不能够用评价国家课程的方法—统一化的考试—对其时效性进行评估。由此，除了上级教育部门的评定之外，所在学校必须建构一套以学校自己为主体，贯穿于整个研制过程的评价体系和审议制度。

完善与体育校本课程文化建设相配套的物质基础与教研服务体系。为完成体育校本课程文化的建构，学校除了为体育教师提供必要的时间与资金支持外，更重要的是为体育教师搭建起用以提升其专业技能的教研服务体系，打破个别体育教师孤军奋战的境况，让多方人士共同参进来。除了进行多样的校本研究活动，学校也应当将不同学校之间的差异作为体育教师教育的资源，建立与兄弟学校、体育高校联动的机制，进而实现校间的信息交流、资源共享，协同进行体育校本课程文化的建设。校本教研与校际教研相辅相成，共同建构起为体育校本课程文化建设相配套的教研服务体系。

2. 发扬体育教师主体地位

发展体育教育，以体育教师为本。体育教师是育人的主体，体育校本课程文化的目标建构、设计与实施大都是靠体育教师来实现的，离开了体育教师，体育校本课程文化的建构就无法有效地实现。因此，作为体育校本课程文化建构的关键因素，体育教师应从以下三方面努力：

体育教师应当拥有体育学科课程意识，形成符合时代发展的体育课程观念。体育校本课程是因时、因地具有很大的不同，所以具有很强的自主性和灵活性，因此，这就要求作为参与主体之一的体育教师必须学习和接受新的体育课程编制思想，树立开放、自主的体育学科课程意识。体育课程蕴含着独特的文化内涵，其中教师与学生是一种“我－你”的师生关系，体育教师采用“对话”的方式，向学生“敞自助开”自己的精神世界，使学生在体育运动实践中能够自主把握所处的教育环境，真正的体验运动乐趣，在从而获得全面的提高与发展。

同时，体育校本课程的研制不是套用一般体育课程研制的方法与理念，其在体育课程内容选择、实施、评价等方面都具有很强的独特性与个性。所以，体育教师不仅要有参与的权利意识、功效意识，更重要的是对于体育课程、体育校本课程等应有深刻的理解与认识，自觉形成符合当前体育教育发展的体育课程观念，并能够及时地拓展与更新。

体育教师应当了解和掌握相应的体育课程理论与实践知识，具备一定体育课程开发能力。体育校本课程是体育教师赋权增能的体现，强调体育教师是就是体育课程的编辑者，鼓励他们直接参与到学校体育课程改进工作当中。这种转变与革新，就要要求体育教师必须具备相应的体育课程知识，具备一定体育课程开发能力，如此才能承担起体育校本课程文化的建设工作。对于体育课程知识而言，其主要包括关于体育课程的本质及其类型方面的知识、有关体育课程编制方面的知识以及有关体育课程编制新模式方面的知识。而体育新课程开发能力则主要是指，体育教师所拥有的调研、编制、实施、评价体育课程的能力。

体育教师要强化科研意识，积极参与行动研究，注意对自身实践的反思。体育教师即研究者是近年来我国体育教育领域较为流行的观点。在学校范围内，体育教师如若进行科学研究，其最好的方式便是行动研究。所谓的“行动研究”指的是教师为解决日常教学中的问题而参与的研究。

行动研究有着区别于其他研究范式的特点：行动研究主要功能是改进体育教师的教学水平和质量，重点解决体育教师在课程编制、教育教学中遇到的问题；行动研究特别重视体育教师对于实践问题的看法与认识，进而对自己的体育教育工作进行反思；行动研究强调体育教师的研究过程与其行动过程相结合，使得体育教育工作本身即为一个研究过程。

所以，体育教师在体育校本课程文化的建构实践中要以研究者的身份置身其中，以研究者的视角去审视在建构实践过程中存在的种种现象，并对自己的实践工作展开反思，进而实现体育课程文化建构的有力进行。这一系列的反思与实践其实就是“行动研究”。由此看见，对于体育校本课程文化建构而言，行动研究不仅是必要的，而且是必需的。

3. 关注学生体育运动培养

学校本位的体育课程文化建设所要实现的是以“学生为本”的文化理念，因而在注重学生的均衡发展之上，理应特别重视学生的个性化成长需求，同时兼顾其完整发展。这一层面的策略主要是体现体育校本课程文化对于学生发展的多方面建构与影响，由此需要从下面三个方向着手：

注重学生在体育学习过程中对于体育运动文化的深度体验，并以此作为体育校本课程文化建设的依据。体育校本课程与其他类型的课程模式之间最大区别在于它以体育运动作为媒介，只有在体育运动中，学生方能获得身体的解放和心灵的铸造。由此，学校体育课程就是要让学生在体育运动中、通过体育运动，充分享受其所带来的乐趣，深切的领悟体育运动的真谛，直观的体悟体育运动的文化魅力。体育校本课程的这一优势能够突破传统体育课程偏重“体育知识填充”的桎梏，使学生能够对生活世界产生价值的直接状态做为具体的直观感受，从而令体育课程内容的学习与学生的精神建构统一起来。所以，将学生获得完整的体育运动文化体验作为体育校本课程文化建设的依据，有助于学生回到具体的、现实的、多彩的生活中。

全面提升学生的生命健康，追求学生的完整发展。体育校本课程本质上是通过学生的体育运动来表现生命的完整属性。由此，体育校本课程应该面向学生的生命属性，为着学生的生命，提升学生的生命活动。体育校本课程文化的建构就是要针对传统体育课程忽视学生个体的存在，肢解作为具体人的学生的完整性，将学生视为接受体育知识与技能的“容器”等异化形象而提出的。

关注学生的个体差异，注重体育校本课程文化内容的选择性与多样性。国家的体育课程开发往往关注社会的整体发展与体育学科知识体系，但是往往容易忽视学生的体育学习诉求，尤其是不同层次学生的特殊状况。体育校本课程的特性就在于，它是一种以“学生为本”的体育课程模式，更易于关注学生的具体状况，满足学生成长过程中的不同兴趣和需求。由此，体育校本课程始终应关注学生的个体差异，这也是其在学校体育课程体系中能够占据一席之地的根本原因。另外，如何开发多种体育课程门类、可选择的体育课程内容以及极具适切性、趣味性的体育教学也是需要时刻思考的问题，因为，这是体育校本课程文化成功与否的根本保障。

总而言之，体育校本课程应当极尽可能去满足个体学生的有差异的体育学习需求，通过多样的体育文化内容去关注学生的精神世界、身体健康和体育运动实践的过程。只有这样，体育校课程文化的建构才能算完整和实至名归。

二、体育课程文化重构关键

“三级课程、三级管理”政策的出台，使得各级各类学校有了相当的体育课程自主权，为学校因时、因地的开发适合本校发展的体育课程提供了基本的保障。但是，作为一项新生体育教育文化现象，体育校本课程自身文化的建设存在较大的难度，需要开发学校在借鉴国际及同行经验的同时，留出一定的“空无课程”（Nullcurriculum）供学校进行适当的校本化建构是一个相对稳妥的构建策略。也就是说，可以在具体的体育校本课程设计过程中，采取适当的策略与手段，以实现体育校本课程自身文化的建构。

体育校本课程设计策略，从广义上说与体育校本设计方法类似。其主要包括了体育校本课程选择与改编两种形式。因此，特提出将体育校本课程文化的建构划为两个层次，第一个是从学校层面的整体布局；在这种整体布局下，就是主要针对体育校本课程的选择、改编、组织，也即从体育校本课程设计的具体层面出发。

（一）学校为课程设置搭建实践平台

体育校本课程是为了彰显学校的体育教育哲学与理念，构筑独特的体育课程文化而出现的。在这一过程中，学校理应形成符合本校体育教育哲学与理念的体育课程架构体系，为学生提供有深厚体育文化底蕴的课程，从而实现新的体育课程对学生全面发展的内涵。学校层面的实践策略可以从体育文化选择和体育校本课程模式两方面着手。

体育文化选择策略。英国课程论专家劳顿（Denis Lawton）认为，课程的编制应当对文化有一个合理的选择，而且这个过程必须有一整套的筛选原则与方法。

劳顿将这个选择过程称之为“文化分析”，并认为文化分析应当对主要的文化不变量或子系统进行定性或定量的分析，从而获得对于年轻一代所需知识与经验的解释。然后，课程研发者再借助教育心理学等理论对各学段及具体的每一节课进行合理的组织与编排。

当然，劳顿文化分析课程编排模式，不仅可以作为一种课程编排模式，指导人们的课程实践，更可应用于各个类型的学校，诸如国家课程、地方课程或校本课程的研制。由此，我们可以借鉴“文化分析”模式，对体育校本课程研制中的体育文化选择做以科学的处理。第一阶段，着重反思本校的体育教育哲学理念及社会文化现象；第二阶段通过对体育文化的分析与选择，择出适合本校的学生需求、师资状况、基础服务设施等的课程文化内容；第三阶段，依据体育教育心理学、体育教学与课程论等理论，对所选择的体育课程文化内容进行合理的剪裁、重组，与学校体育课程形成合力搭配，从而形成既定的体育校本课程；第四阶段，依据年级和学生的具体情况，对形成的体育校本课程进行细节上的调整，以真正满足学生的发展需求。

体育校本课程的模式策略。对于体育校本课程的模式，国内学者提供了以下几种课程的组合方式：“必修 + 选修”的模式；以“传统项目”为特色的模式；以“新兴项目”为特色的模式；以“大课间”为特色的模式；以“社区体育资源”为特色的模式。这些模式是从不同的角度所形成的体育校本课程模式，实践中还可以与其他模式构成互补形式，从而构建实现多层次的体育校本课程体系。

（二）课程设计层面的实践策略

体育校本课程的选择策略。所谓的体育校本课程选择，就是根据自身的实际情况从已有的课程资源中摘取恰当的课程内容。我国体育教育差异很大，既有着地区间地差异，也存在着城乡之间地差异、民族间的差异，以及学校间课程开发、管理基础、能力等方面的差异。这就需要体育教师在体育校本课程开发之前，需要根据实际情况对课程内容进行选择。其目的就是要提高体育校本课程在地方、学校适应性，从而使得体育校本课程能够更有效地满足学生的需求，促进学生的发展。另一方面，这也要求体育教师不仅要有体育课程选择的意识，更要有体育课程选择的专业知识与能力，能够在实践中灵活的实施与运用。

明确选择标准。选择体育校本课程的标准因为不同的学校会大相径庭，在这里可以制定一个基本的标准框架。这一标准框架有四个基本特征：结构性，所选体育校本课程拥有最佳的体育知识与话语结构；逻辑关系的一致性，体育校本课程中各类观念间不仅相互关系要明晰，而且要呈现一致的逻辑关系；完整性，体育校本课程每一个模块要有清晰的目标，并能够实现；适切性，所选体育校本课程应当契合各学年学生的心理与生理状况。

对所选类目进行综合测评。在确定了相应的选择标准后，参与课程研制人员应当依据标准逐条对所选择的体育校本课程进行综合评估，对其进行定性的描述，最后形成评估报告。同时要特别注意的是，评估报告应该注明是否符合本校的体育教育理念，本校办学条件能否达到等。

体育校本课程的改编策略。体育校本课程的改编是依据不同班级的学生状况，对原有体育课程的内容与过程进行改编或者调整，以适应具体体育课堂状况。这里包括了对于本校所开发的体育课程的改进，从校外引进的体育校本课程改组等等。而体育校本课程的改编需要考虑多种因素，大致包含了：培养目标、课程内容、内容组织、学生体验、学习材料。体育教师通过对上述因素的通盘考虑，通过适当的删减、排列对体育校本课程进行调整，从而使得其更好地适应所在学校及班级学生的情况，更好地改善学生的身心健康水平。随着体育教育的多元化与个性化，体育校本课程的改编将更加的普遍。

着重对体育校本课程的内容组织策略予以阐述。体育课程的内容组织除了有直线式与螺旋式、纵向与横向等逻辑上的要求外，还应特别注重在组织策略上应凸显运动文化的情境性，使学生真正的体验体育文化。因此，在进行体育校本内容组织的时候，不仅要考虑体育知识与技能的逻辑性，还应从让学生体验全面的体育文化角度设计不同组织形式。另一方面，体育校本课程的组织除了考虑学生的认知水平之外，还应考虑学生体育文化品性的形成规律和体育文化的识别能力。所以，体育校本课程内容的组织也应该体现出一定的阶段性和发展性。

第五节　应用型人才培养模式下体育教育专业课程改革实践探索

随着经济发展进入新常态，人才供给与需求关系深刻变化。面对经济结构调整、产业升级加快、社会文化建设不断推进特别是创新驱动发展战略的实施，高等教育结构性矛盾更加突出，同质化倾向严重。毕业生就业难和就业质量低的问题仍未有效缓解，生产服务一线紧缺的应用型、复合型、创新型人才培养机制尚未完全建立，人才培养结构和质量尚不适应经济结构调整和产业升级的要求。

体育教育专业是我国体育院校（系）最重要的专业之一，高校体育教育专业人才是向学校、社会提供体育健身、健康知识和技能，满足社会大众多元化健康需求的主力军，体育教育专业人才的培养关系到体育强国路的建设。然而随着社会发展的不断转型，市场需求的不断转变，正需要一大批应用型、创新型、实干型的体育教育专业人才。为深入贯彻《国家教育发展“十三五”规划》，落实《教育部、国家发改委、财政部关于引导部分地方普通本科高校向应用型转变的指导意见》，本文从课程建设、课程教学改革、专业建设实践、人才培养模式创新四个方面剖析应用型人才培养模式下体育教育专业课程改革与实践的基本思路和创新点，旨在培养专业基础宽厚，具备现代教育观念、良好的科学素养和职业道德以及具有创新精神和实践能力的复合型人才，最终更好地服务于区域经济社会发展。

一、应用型人才及体育教育专业课程相关概念界定

（一）应用型人才的定义

“应用型人才是能将专业知识和技能应用于所从事的专业社会实践的一种专门的人才类型，是熟练掌握社会生产或社会活动一线的基础知识和技术技能，主要从事一线生产的技术或专业人才”。“应用型人才是相对学术型人才而言的，具备一定专业知识和技能，能够将学术研究成果转化为社会生产力并将这种生产力运用到社会生产实践中，直接创造出社会物质财富的人才”。体育教育专业应用型人才是指在德、智、体、美等方面全面发展，适应经济社会发展，具有创新精神和实践能力，具备系统地掌握体育教育的基本理论、基本知识和基本技能，掌握学校体育教育工作规律，能胜任学校体育教育、教学、训练和竞赛工作，能从事学校体育科学研究、学校体育管理、社会体育指导等工作的一专多能、高胜任的高素质应用型人才。

（二）体育教育专业课程结构

教育部制定的本科体育教育专业课程由必修课、选修课、教育实践三部分组成。其中专业课程包括人体解剖学、运动生理学、运动心理学、体育学、田径、体操、球类、武术等。

二、体育教育专业课程重构路径

（一）结构转变

体育教育专业课程建设应逐渐向实用型、服务型转变。实用型是建立在应用型基础之上的，实用型课程注重专业技能的发展，是直接能够将技能转化为效益，为社会生产提供服务的课程类别，具有高效性。体育教育专业课程在建设和改革时应以这类课程改革为主，旨在提高生产效率，最大化地满足市场需求。

党的十七大打报告指出：要“加快行政体制改革，建设服务型政府”。服务性是应用型人才应当具备的基本素养之一，体育教育专业课程改革应加强服务型理念的传导，研究服务对象、服务内容、如何服务群众等，旨在满足大众多元化的体育需求，为社会提供更多更优质的体育服务产品。

（二）体育课程与课程体育的关系

体育课程与课程体育的目的都是育人。体育课程的基本目标包含运动参与、运动技能、身体健康、心理健康和社会适应，而课程体育要求体育教育专业人才树立正确的人生观、价值观、体育观。体育教育专业课程不能仅局限于野蛮的身体练习，更要从国家的发展出发，在日常的生活、学习、生产中弘扬中华体育精神，勇于拼搏、坚持不懈，将实现“体育强国梦”、“健康中国梦”的伟大目标作为课程建设的出发点。体育教育专业课程建设中应加强挫折教育、敬业教育、团队精神、规则意识的融合。

（三）体育文化内涵的基础建设

现阶段，高校体育专业学生发展状况存在着以下特点：文化基础和技术技能基础薄弱，兼具文化和技术技能优秀的学生很少。体育文化内涵即体育精神文明建设，体育精神是由具体的体育行为反映的，在参加体育比赛时体现出的公平、公正，奥林匹克精神的更高、更快、更强等，这些都是人们挑战自我、追求极限的具体行为所反映的体育文化，这种文化精神是对自然法则的尊敬，是促进人们不断传承勇敢、拼搏、奋斗、创新的不竭动力。

体育精神同时也促使体育行为产生，为了更好地生活，从石器时代人类团结协作共同狩猎到工业时代人们的勇于创新再到我国的解放战争奋勇厮杀再到改革开放的勤劳致富，各类社会生产活动中都体现出了体育精神的存在，高校体育教育加强体育文化内涵的建设不仅仅能够帮助当代大学生树立正确的人生观、价值观、体育观，还能够促使他们更好地走向社会及理解做人做事的道理。

（三）结合地方特色发展体育项目

将特色体育项目与体育教育专业课程建设相结合是促进全民健身、实现体育强国目标的又一重大举措。打造体育特色项目能够充分发挥体育教育专业人才的技能水平和创造力，将来能够更好地服务于地方体育发展。打造地方特色体育项目需要高校体育教育专业人才一线工作者的积极探索和勇于创新，以建设“全民健身”和“体育强国”之路为目标，注重金牌的同时更加注重群众体育的发展。

三、专业课程在体育教学上的改革探索

（一）体育专业课程教学融入现代化技术

随着社会主义现代化的不断建设完善，以多媒体和互联网为核心的现代教育技术也在不断产生并受到社会的认可，高校体育教育正在向现代化逐步转变。在现代化教育技术的帮助下，高校体育教学质量有了显著提高，学生参与体育教育课程的积极性得到了改变。如翻转课堂教师可以将要教的内容通过互联网传达给学生，学生通过看视频讲座、听播客、阅读功能增强的电子书，还能在网络上与别的同学讨论，能在任何时候去查阅需要的材料。教师能够获得充分的时间与学生进行交流，满足学生多元化的学习需求等。相比其他课程，体育现代化教学技术能够更加直观地告诉学生做什么、怎么做、做多少。此外，教师可以构建校园阳光体育教学平台，将不同项目的运动进行分类，并编写学习内容、方法、目标及考察办法，而且根据网络学习的考评进行打分等，这样既符合当代大学生的信息化需求，又提高的学习效率，减轻教师教学负担。

（二）以学生为中心创建教学模式

高校体育教学改革应坚定不移地以学生为中心，以学生为中心即以人为本，尊重学生的个体差异。长期以来，我们在高校体育中都是以大锅饭的形式进行教学，从管理到教师再到学生，即便是开设了选修课也不能够满足学生日益增长的体育发展需求。在高校体育教学中，需要老师做到以人为本，在进行课堂设计时需要满足学生多元化需求，创造机会让学生进行展示或比赛，时刻关注学生的情感需求，提升体育文化素养，惯于抛出问题，发挥学生的主动。

（三）学生实践能力方面的培养

高校体育教育专业应用型人才应具备示范、教案、科研、技战术、组织、表达等能力。科学合理的教法能够发挥学生主观能动性、提高学生学习兴趣，促进学生更好地发展；标准的示范能够树立良好的榜样及学习目标；规范的教案能够帮助教师更加顺利地完成教学目标；良好的科研能力能够激发教师的教学改革与创新；较强的技战术是支撑教学质量和教学改革创新的基础；全面连贯地讲解能够使学生更好地理解和完成老师的教学内容。因此，体育教育课程教学改革应当高度重视学生的实践能力的培养。

（四）注重学生在技能应用与创新方面的培养

长期以来，传统的体育课考察办法仍以平时成绩加期末成绩进行考虑。那么平时成绩如何更加科学地考察，期末考察是不是遵循以学生为中心为出发点，这都是当下体育教学改革需要解决的问题。体育教学评价模式需要注重学生技能地运用，应用型人才要求学生要将学习的技能和知识转化为服务于社会生产的技术本领，这就要求学生要求较强的动手能力或操作能力。体育教学评价模式更加需要学生的创新思维，只有创新才能够不断地开发学生的体育潜力，满足学生不同体育健身需求。

第五章　大学体育教育教师专业化培养路径分析

教师作为一项独立的职业，在人类社会已有几千年悠久的历史。正如苏联教育家杰普茨卡娅所著的《教育史讲义》中强调的那样：自从有人类的时候起，并且只要人类一直存在着，教育也将永远存在……体育教师如同其他教师职业一样，它的产生和发展是社会生产力发展的必然结果。同时，体育教师对体育事业的持续、健康发展具有重要的意义。从学校教育看，体育教师是实施学校体育的根本依靠和基本力量。

第一节　体育教师的职业特征与专业素养

从体育课的教学到各类运动队的训练，从每天的早操、课间操的组织到全校课外体育活动的辅导，都离不开体育教师的辛勤劳动，无不凝聚着体育教师的心血和汗水，他们是学校一切体育活动的组织者和指挥者；从振兴我国体育事业来看，体育教师不仅在竞技体育方面能为国家早期发现和培养、输送大批体育苗子和优秀竞技人才发挥重要作用，而且在群众体育方面也通过直接抓好学校体育和广泛参与各项社会体育活动，辅导和带动各方面群众体育的发展，影响着全民健身体育的深入开展。

一、体育教师的职业特征分析

（一）教师是知识和技能的设计者和传播者

体育教师首先应该成为知识技能的设计者和创造者。在传统的体育教学中，体育教师带领学生在运动场上以身教重于言教和标准化示范去教育、影响着学生;以组织学生锻炼的周密、科学而具备强有力的组织能力，这些素质与基本功在相当一段时间内仍然适用。其次，体育教师通过指导学生学习来传播体育知识。体育教学中，体育教师要改变在体育课堂上总是教师说什么学生就练什么、做什么的传统的领头羊方式。教师要真正发挥导师的作用，不能成为学生的完全依靠。而这种导师作用的程度应是随学生年龄的增长而增大。体育教师的指导教学，依赖于不断创造的教学所需知识的各种信息，以指导、督促学生有效地锻炼和学习。

（二）体育教师是行为榜样

体育教师对学生的行为影响有着十分重要的作用。因为体育教师不仅授课班级多，而且教学对象来自不同年级、不同学科的学生，尤为突出的是每一所学校的早锻炼、课间操、课余体育活动以及全校的大型活动的策划、组织和具体实施都是有体育教师承担。所以体育教师的行为模式对学生的影响面广，体育教师的形象、精神面貌、言谈举止、治学态度等往往成为学生的榜样。

（三）体育教师是教与育的参与者

体育教师是学生学习体育知识、掌握运动技术和技能，从小形成健康体育生活方式的领路人，他应该成为学生所敬慕的体育专家，并具备多学科的知识修养。体育学科的性质要求体育教师不仅仅会做示范动作，还会运用多学科的知识阐明技术动作的科学原理、健身价值及其在人类文化发展中的作用。

二、体育教师的专业素养培养

（一）体育教师的思想道德素养培养

1. 树立正确的人生观和世界观

体育教师作为人类灵魂的工程师，应有正确的人生观和世界观。正确的人生观和世界观正如大海上的航标，使体育教师具有优秀的品质，具体体现在师德、教态、教风、学识与能力诸方面，而教师的敬业精神、责任感无不对学生人格形成和发展产生潜移默化的感染熏陶作用。

2.培养良好的个人修养

一个具有良好品德修养的教师，他的精神境界和严于律己的人格风范将会被学生视为楷模。体育教学是与学生零距离的教学实践活动，体育教师的一举一动不仅会表现出对工作的热情，而且直接影响着学生的行为和品格。其表现为，教师不仅要将体育知识、技术、技能传授给学生，而且还要教会学生做人的道理、为人处世的准则和学习方法，这就要求教师既要有过硬的品德素养，又要有优良的工作作风，用“身教”来感染学生，增强非权力性影响力在教学中的作用。

3.教书育人思想培养

关心学生，坚持教书育人是体育教育的重要责任。体育教师在体育教学和课外体育活动中，不仅要组织、指导学生锻炼身体，增强体质，增进健康与传授“三基”，而且还要培养学生具有良好的思想品德，关心学生成长，促进学生身心全面发展。体育教师要充分利用和发展接触学生多的特点，以本身的模范行为和高尚的品德修养来影响学生、教育学生。另外，体育教师还应与学生建立良好的师生关系，在学习上需帮助他们，在生活上要关心他们，在他们碰到困难和挫折时要鼓励他们，使自己成为学生的良师益友。

4.体育观和教育观有机结合

第三次全国教育工作会议对学校体育工作提出的要求：“树立健康第一的指导思想，使学生具有健康的体魄，掌握基本的运动技能，养成锻炼身体的良好习惯，培养学生的竞争意识，合作精神和坚强毅力。“健康第一”的教育指导思想，促使人们更全面、更深刻地认识体育教育工作的本质，它有利于全面贯彻党的教育方针，提高中华民族的整体素质。因此，新时期体育教育必须树立“健康第一”的体育观，并围绕其开展工作。同时，近十几年来，我国在体育教育目标的大讨论中，逐步确立了终身体育教育观，这一教育观的确立，迫使我们重新审视高校体育教学的得失。据国家有关部门调查资料表明，我国16岁以上的居民中有66.74%的人不参加任何体育活动。学校因此有了一份责任，就是传授学生从事体育活动，提高健康水平的技能，培养终身体育意识、习惯和能力。在体育教育当中，体育教师应注重职业实用性体育教育，使大学生在学校期间所获得的体育运动知识、技能及从事体育锻炼活动能适应将来的职业和生活环境的特点，使其在人生的各个阶段，各种不同情况下都能采用正确的方法手段保证自身的健康。

5. 注重创新意识与发展意识的培养

随着科学技术的突飞猛进，人类知识量的增长已无法用知识爆炸来形容，计算机网络将连接到每家每户，大量信息的传递之快，令人目不暇接。未来的教育与课堂将发生变化，不学习就落后已成为普遍认识。面对新时代，体育教师没有满足的理由，要勤于钻研本学科的前沿知识，才能在教学中从容不迫地解决实际问题。只有不断地学习与接受再教育来提高自身素质，这样才能更好地对学生实施素质教育，所以，教师必须要有创新意识和发展意识。

（二）体育教师在知识素养上的培养

1. 增强专业知识积累

体育教师，专业知识应该包含体育科学基础理论，如人体生物学科：解剖学、生理学、生物化学等；学科发展史：体育史、有关运动项目发展史；体育专业技术与理论：各体育专项动作技术及其原理；体育专业教育技术与理论：体育保健知识、运动技术教学与训练方法学、体育竞赛方法、体育健身方法学等以及体育课程与教学知识。

体育专业曾一直被认为属理科范畴，体育教师也就往往偏重于理科方面的学习。其实体育是一门综合性的学科早就被人们认识。因此，体育教师既要掌握理科的知识，又要重视人文素质的培养。加强人文素质的目的，本质在于“教人做人”。体育教师只有提高人文素质，才会思考人类社会、自然、他人和自身的问题，才可能理解什么是真善美、假恶丑，他才能融洽地与他人相处，才可能以一种社会可以接受的方式实现自己的目标。人文科学知识教育，尤其是文史哲知识，对一个人的人文素质的培养具有潜移默化的作用。不理解中国体育传统文化，不清楚其发展的时代背景与特征，就无法正确理解今天的体育。

随着科学的不断发展和认识的不断深化，人们对体育的研究已从开始的教育和生理角度扩大到今天的社会、心理、文化等深层领域，体育人文学科随之产生，这是社会发展的必然结果，也是体育科学的发展所在。这些学科包括体育社会学、体育人类学、体育哲学、体育心理学、体育管理学、体育经济学、体育文化学、体育新闻等。

“学校教育要树立健康第一的指导思想”，增强学生体质是学校体育的根本任务。然而影响学生体质的因素是很多的，例如遗传、营养、卫生环境、身心负担、生活习惯、体育锻炼等。因此，学校体育要走锻炼和养护相结合的道路，加强对学生的健康教育。新世纪的体育教师，应加强健康意识的培养，接受新的体育教学思想，提高健康教育质量的基本素质。这是学校体育发展的必然趋势。因此，未来的体育教师应把健康与体育的本质联系起来，必须掌握有关体质与健康学的基础知识。

2. 拓展业务知识

体育教师的教学过程，运用的技巧、方法的基础是教育心理学知识，体育教学效果的好坏，很大程度上反映了他们这方面理论知识掌握的扎实程度。教育学中，教育思想是头等重要的事，具有正确的教育思想，才能达到充实的教育境界。在贯彻“健康第一”的教育思想时。首先，要把“健康第一”搞清楚，明确为什么要讲“健康第一”的问题，使自己真正树立这种教育思想。教育是有目的的活动，只有明确目标才能成为自觉行动。其次，掌握教育方法、教育技能、教育手段及教育体系等等理论问题都将有利于开展体育教学工作。

健康美是追求的目标。在通往健康美的道路上，体育教师是通过运用体育运动的手段对学生的身体产生影响，使人的体形发生变化，强壮美、肤色美、身体线条美等由此逐步形成。在进行动作练习形成正确技术技能过程中，使人充分体验到协调、姿态、节奏等美的感受。体育竞赛使学生受到道德美、精神美的感染，美的感官在这些过程中不断地形成与发展。作为体育教师，在体育教学中必须了解并掌握创造运动美、身体美、自然美、艺术美、心灵美与行为美等方面的基本方法，掌握体育美学基本知识与技能，以便更好地完成塑造人体美、健康美的重要任务。

（三）培养体育教师综合能力的素养

1. 教学能力的培养

教学能力是指体育教师完成教学任务所应具备的各种能力，也是体育教师综合能力的一个主要方面，它主要表现在对教学大纲、学校体育工作条例等条文、法规的理解和贯彻能力；制定教学管理，教学改革措施和办法的能力；掌握和运用教材教法的能力；准确示范和生动精炼的语言表达能力，严密的教学组织能力；教学检查和评估能力；及时反馈教学信息及采取针对性对策的能力等等。

2. 教育能力的培养

教育能力是体育教师育人职责的需要。它包括对学生行为、思想情况的深入了解、分析和判断的能力；灵活运用各种教育方法，抓住教育时机，有的放矢地向学生进行教育的能力。丰富多彩的学校体育活动为教育提供了许许多多的良好机会。体育教师要善于对学生的思想情况、纪律兴趣、动机等及时进行了解、分析，既要会做个体的分析，又要会做群体的分析。在分析的基础上，确定进行思想教育的任务和措施，最大限度调动学生的积极性和主动性，保证预期任务的完成。

3. 运动能力的培养

体育教师的运动能力是从事本职工作的最基本能力。它既不同于一般人自我从事身体练习的普通运动能力，又不同于专业运动员参加比赛和训练时的特殊运动能力，而是一种面向学生群体进行专业教学，规范化与普通化相结合，能够与教学、训练手段有机结合的能力。具体表现为规范熟练的动作示范，把握动作技术环节，及时发现与合理纠错等。这种能力的培养与提高，除需不断地钻研运动技术理论，学习新技术新动作外，还要注意根据不同的教学、训练对象在实践中积累。

（四）体育教师的身心素质的培养

健康的体魄、健全的人格是构成体育教师职业素养的基础，也是他们顺利进行职业活动的重要条件。体育教育的一个重要目的是提高学生的身心健康水平。要让学生信服，要求体育教师以健康的体格和优美的姿态这一“无声的语言”感染学生。由于有的个别领导对体育认识不足，学校体育得不到重视，教学设施和经费缺乏，教师地位低微，所做的努力常常得不到肯定。因此体育教师必须有强烈的事业心，坚强的意志和健全的心理品质，才能胜任体育工作，才能在不同的条件下开创体育教育的新局面。

第二节 体育教师的教育专业化培训

一、体育教师岗前培养

（一）体育教师岗前培养的目标

培养目标问题是高等教育教学改革的一个实质性问题。关于新世纪体育教育专业培养目标的定位问题，调查结果表明，不管是大学的体育教师，还是处于基础教育第一线的中学体育教师，他们的态度都比较明确，认为培养目标应该定位于体育教育复合型人才，以便增强毕业生在社会生存的竞争力。在此基础上，新方案将本科体育教育专业的培养目标确定为："培养适应我国社会主义现代化建设和基础教育改革与发展的实际需要，德、智、体、美全面发展，专业基础宽厚，具有现代教育观念、良好的科学素养和职业道德以及具有创新精神和实践能力，能从事学校体育与健康的教学、训练和竞赛工作，并能从事学校体育科学研究、学校体育管理、社会体育指导等工作的一专多能的体育教育专业复合型人才"。

（二）体育教师岗前培养的模式

在不同的社会背景下，人才的培养模式也会有所不同。体育教育专业新的人才培养模式必须根据新时期社会发展的方向，以及基础教育对体育教师的需求来进行设计，使所培养的体育教师人才符合社会及教育发展的需要。

从体育师资整体智能结构的角度出发，培养"专才"模式转向培养"通才"与"专才"有机结合的"复合型人才"模式纵观改革开放以来我国体育教育专业培养目标以及为实现这一目标所采用的人才培养模式，突出表现为"专才培养模式"，其特征是以专业需要为核心来设计课程和教学环节，一切围绕狭窄的专业运行，学生过早地进入专业学习，进而导致在体育教学内容上出现了忽视基础、忽视交叉、忽视人文知识的价值取向。这种模式在我国计划经济体制下有较强的可操作性，同时也适合当时社会发展的要求。但在"知识爆炸"的 21 世纪，随着体育教育专业培养目标的改变，过去那种以培养体育师资为唯一目的的"专才"教育已不能适应新形势发展的需求。

因此，当前我国普通高校体育教育各方面改革的一项紧迫任务，就是按照培养基础扎实、知识面宽、能力强、素质高、适应广的人才培养模式的总体要求，尽快实现培养模式的转变，即从计划经济体制下的“对口式”体育教育专门人才的培养模式，向市场经济条件下的“适应型”复合型体育教育人才的培养模式转变；从过窄的“专才”教育模式向素质教育模式转变，逐步构建起注重素质教育、融传授知识、培养能力与提高素质为一体的富有时代特征的“通才”与“专才”相统一的体育教育复合型人才的新模式。

（三）体育教师岗前培养的发展趋势

1. 培养渠道的多元化培训

所谓培养渠道多元化是指除师范院校之外，非师范院校也参与师资的职前培养。综合性大学培养师资的现象在国外师资培养中普遍存在，如德国培养教师的高等学校主要是综合性大学和专科大学；美国培养教师绝大多数是综合大学的教育学院或教师学院和文理学院的教育系或教育专业。

2. 培养目标的多向性培训

国外高等体育院校的学生毕业后政府不安排工作，而是面向劳动市场，自谋职业。这种教育行政体制决定了其培养目标是多向性的。各院校所培养的人才除能胜任体育教师外，还需具备多方面的从事其他体育工作的能力，这种“通才”型人才适应了社会快速发展、就业竞争激烈的需求。

3. 培养模式的多样性培训

大部分国家高等体育院校人才培养模式是以“开放型”或“非定向型”培养模式为主。培养学制安排上的因地制宜导致了培养模式的灵活多样，多数国家体育师资的培养以 4 年制（如“4+0”“2+2”“3+1”模式）为主，如瑞士、韩国、俄罗斯、英国、日本、德国、美国、匈牙利、澳大利亚等；而加拿大则是实行的 5 年制（“3+2”模式），它是一种以非定向型培养模式为主，开放性、灵活性较大。芬兰和新西兰的学制都为 3 年（“3+0”模式），但两个国家在师资培养目标上存在差异，芬兰的体育学士“双环式”学位制目的是使学生在 3 年内完成学士学位，再学习 2 年获得硕士学位，新西兰 3 年制培养的是双学士学位。而新加坡 2 年制针对性较强，分小学水平和中学水平。

4. 课程领域的综合性培训

大多数国家体育教师教育的培养课程主要由3大部分组成，基础教育课程（或称普通教育课程）、专业课程（包括学科课程和术科课程）和教育学科课程。发达国家高等体育院校课程设置的自主性较大，可根据自身的优势和特点及所在地区的实际情况，培养人才市场需要的各种体育人才。在课程设置方面比较强调文、理、工科课程间的相互渗透和融合，内容上涵盖自然科学、社会科学、技术科学等知识领域，并注意优化组合，发展新学科课程和综合性课程，以求让学生形成合理的、广博的知识结构，为培养全面发展的人才奠定基础。

二、体育教师的入职教育

（一）教师入职教育的意义

入职教育原本是指个体在进入职业之前所接受的职业培养和培训。它被认为是一个始于招募，继之以大学中的专业教育和毕业后的工作的阶段性过程。但从20世纪的六七十年代起，教师入职教育开始被定义于上述三阶段的第三阶段，即专门为新教师提供的为期至少一年的有计划的、系统的、持续的帮助，对新教师进行入职教育具有重要意义。新教师入职教育是终身教育、终身学习的要求；是沟通教师职前教育与在职教育的桥梁；是加速新教师成长，促使其专业发展的保证；是完善教师任用制度的有力手段。因此，建立健全教师入职教育制度，加强新教师的入职教育，是当前教师教育的一项极为紧迫的任务。

（二）我国体育教师岗前教育状况

1. 我国的教师资格制度规定

我国的教师资格制度起步于1996年，法律依据来源于1993年颁布的《中华人民共和国教师法》。该法第十条规定：“国家实行教师资格制度”，只有具备该法规定的学历或经国家教师资格考试合格者，才能在各级各类学校和其他教育机构中从事教育教学工作。1995年3月该法首次以法律的形式明确规定国家实行教师资格制度，同年12月，国务院颁布了《教师资格条例》，原国家教委于1996年1月下发了《教师资格认定的过渡办法》，至1997年底，完成了1993年12月31日在各级各类学校从事教育教学工作人员的教师资格过渡工作，一千万名在职教师取得了国家认定的教师资格。为积极稳妥地做好全面实施教师资格制度的准备工作，从1998年4月至1998年底，教育部在部分地区进行了教师资格认定的试点工作。在总结教师资格过渡和试点工作经验的基础上，教育部于2000年9月23日颁布了《教师资格条例实施办法》，教师资格制度在全国开始全面实施。

2. 体育教师岗前培训的模式

当前，新教师的上岗培训已受到了必要关注。各地的教师教育机构都在积极地探究教师上岗培训的模式，广泛地开展了新教师的上岗培训工作。我国现有的新教师上岗培训大致有以下几种模式：一为带教模式，即新教师在中小学实地工作中以有经验的教师为师傅，学习课堂教学的规范和技能；二为集中培训，这种模式有两种做法，或第一年集中在教师培训机构中，由教师培训机构的教学人员传授教学常规和教育教学理论方面的知识，或在这一年中花大部分时间在中小学，用一部分时间在教师教育机构接受理论培训；三是理论实践研究模式，即在实践中探究所遇到的问题；四是合作模式，即由教师培训机构、大学和中小学合作，以中小学为基地进行新教师的上岗培训。上述四种模式中，第一种最为普遍，而其他三种目前在体育学科中还不多见。应当说，上述新教师上岗培训模式都有其存在的合理性，都能对新教师的专业和生涯发展起到一定的积极作用。但严格地说，上述模式还处于一种“自在自为”的状态，与作为一种制度的新教师入职教育之间还存在着一定的差距，也不能完全适合新教师的需求和特点。模式的创新及制度化是我国体育教师、人职教师走向成熟所必需亟待解决的问题。

三、体育教师的在职教育状况

（一）体育教师在职教育的必要性分析

1. 体育教师推动学校体育工作的需要

学校体育的改革正在如火如荼地进行，而体育教师正是学校体育改革的具体实践者。改革要求广大体育教师转变观念、更新知识、强化能力。因此，有必要通过在职培训，培养教师深化改革的能力。

2 体育教师体育知识日益更新的必然要求

由于许多新知识、新理论不断渗透到体育科学中来，出现了许多以现代科学为依据的新概念、新观点、新理论、新技术以及新的教学形式、教学方法，新的检查评价方式等。从而对体育教师的工作提出了全新的、更高的要求。因此，体育教师必须要接受新知识的洗礼，通过在职培训的不断提高，这样才能适应时代发展的需要。

3. 体育教师提高自身素质的客观要求

体育教师的政治思想水平、业务能力和文化修养，直接影响着教育的质量和学生的发展。为适应时代发展的要求，体育教师必须不断地完善自我，通过在职培训提高自身的素质。

（二）体育教师在职培训的基本内容

由于我国体育教师在职培训的模式多种多样、各具特色，决定了培训的内容也将呈多样化的趋势。

1. 体育教师在职培训内容的基本要求

为了更好地了解当前我国中学体育教师对在职培训内容的要通过体育教师在职培训教学内容和课程体系的调研发现，在教学内容方面中学体育教师对创新能力的培养呼声最高，占 30.52%；其次是适应科技社会发展需要的现代信息技术，为 20.08%，再者是实践技能，占 16.47%。另据调查，现阶段中学体育教师对培训课程体系的需求排序为：教育理念—现代教育理论—现代教育技术—科研方法—教育科学知识—人文科学知识。

实践能力是实施素质教育的重点。因此，中学体育教师对培训内容的需求，充分说明了他们对更新观念有深刻的认识，对掌握现代教育理论与技能均有强烈要求，这些也是现阶段中学体育教师在职培训中急需解决的问题。此外，对“中学体育教师职后培训是否应该增加人文素质教育的课程”时，84.4%的教师认为“应该”，14.2%的教师认为“可要可不要”，1.4%的教师认为“不应该”。这也反映出中学体育教师对自身整体素质水平的要求在不断地提高。

2. 体育教师在职培训考核标准

考核是在职培训不可缺少的环节。进行考核的目的是要及时纠正培训工作过程中出现的偏差，调整工作思路，改进工作方法，选择培训内容和方式，提高培训质量，使在职培训工作沿着正确的目标顺利开展。中学体育教师具有一定的知识与经验，能进行批判性反思，是从经验出发的学习者。对培训情况进行考核时，应根据成年学习者的特点进行考核。调查表明，在教学管理方面，61.6%的中学体育教师认为采用“学年学分制”较好，21.7%的认为应采用“学时制”，16.7%的认为可采用“学分制”。在考试内容的选择方面，仅有3.6%的教师认为“只考技术”，23.7%的教师认为“只考理论”，而有72.3%的教师认为“理论与技术均考”。在考试形式的选择方面，有88.6%的被调查中学体育教师赞成采用分阶段的形式进行测试，认为这样能更及时、更全面地反映出教师对培训内容的接受和吸收程度。在考试方式上除有17.5%的中学体育教师认为要采用闭卷考试外，大多数（82.5%）都赞成以开卷或开卷与闭卷相结合的形式来进行评价。总体而言，不管采用何种方式进行考核，都必须注重教师在职培训的实效性。

（三）体育教师在职教育的发展趋势分析

1. 在职教育以人为本

社会的知识化，要求教育贯穿于人的一生，继续教育必须以人为本，而不能以教材为本。要避免“学院式”教学，要把统一的、规范的学历教育的模式改为按需施教，按需设课，按需选学的模式，亦符合继续教育规律的模式。

知识是教师整体素质的基础，针对体育教师职业的特点，体育教师不但要有理论知识还更要具备更多的实践知识，这也是提高教师自我完善能力、竞争能力、生存能力的基础。在继续教育过程中，不但要注意学科专业知识的更新，同时要注意多元化文化知识的扩展，打破学科界限，相互渗透，融会贯通。

2. 教学模式多元化

不同的生产力发展水平要求教育不同水平的人，随着生产力水平的提高，相对封闭的成人教育办学模式必须改变，体育教师的继续教育也将进一步从封闭走向开放，构建多样化、开放式新型继续教育模式。

在学习形式上开放办学，把以课堂面授为主改为课堂面授、开办讲座、自学、研修、教学研讨、教学实践、课题研究、社会调查、导师带教等多种形式；在师资队伍上体现开放办学，把以进修院校专职教师为主改为建立大教育的师资队伍。在培训基地建设上体现开放办学，把教单一的教师进修院校办学改为教师进修院校、教研部门和各中小学分工合作；在学习时间上体现开放办学，把教师在上班时间接受在职教育改为以业余学习提高为主；在教学手段上体现开放办学，把单一的课程面授改为利用现代教育手段，包括录音、录像、广播、电视、计算机远程教学网络等。

3. 学系与科研有机结合

在职教育与学历教育在对象上有所不同，不少教师具备中、高等教育，又具有丰富教学经验，有的要将教育科研引入继续教育的全过程，促使他们在教育教学和教育科研能力方面有更大的提高。抓好在职教育过程中的教育科研，关键是选准理论与实践的“结合点”，边研究，边实践，使教师由经验型提高到科研型。

4. 持续学习加强实践

随着时代的发展，社会对教师的素质提出了新的要求和期望，以此促进教师上岗前、在职教育一体化成为必然。体育教师职业的发展过程是一个持续学习，实践教学理论，探索教学方法、途径，积累整理教学经验，调整教学行为，更新教学观念和提高教学技能的发展过程。这对体育教师的专业化知识提出更高的要求，教师在教学的过程中发现自身专业知识的不足，然后通过在职教育的学习去弥补相关的专业知识。教师只有通过不断的学习，才能不断地提高自身的专业素质。

第三节 我国特殊体育教师专业化培养路径分析

一、特殊教育体育教师专业化发展途径

与其他专业教师培养相比，特殊教育体育教师的培养历史较短。很长一段时期内都是以普通体育师资充实特殊教育体育教师队伍，从理论到实践都没有严格区分普通体育教师和特殊教育体育教师的差别。直至进入 21 世纪，天津体育学院开始招收特殊教育专业本科生，我国才拥有了真正意义上的特殊教育体育教师培养机构。为了满足现代特殊教育发展对高水平特殊教育体育教师的需要，先后有多所体育院系加入特殊教育人才培养单位的序列中。至今为止我国招收特殊体育教育专业的体育院系已培养了数届毕业生，累计培养体育类特殊教育专业人才数百人。

（一）特殊教育专业培养目标

我国体育类特殊教育人才培养机构根据本单位的资源设置和本地区的特殊体育教育人才需求情况制定了相应的专业培养目标。职前培养阶段是为特殊教育专业学生毕业后的职业生涯灌输专业思想并打下必要的业务能力基础。在职前培养阶段的主要活动是进行专业学习，提升综合素质。综合分析各体育学院的培养目标，每个学校基本都包涵了对专业人才特殊教育能力的具体要求。相对而言，西安体育学院更明确地指向了教师人才培养，天津体育学院等其他体育院校的专业培养目标大多指向综合型特殊体育或特殊教育相关工作的专业人才培养。当前我国体育类院校中的特殊教育专业培养目标更倾向于综合型特殊教育人才培养，这也符合现代高等教育的总体人才培养方向。同时，对于将来拟从事特殊教育体育教师工作的毕业生，具备综合性特殊教育知识技能有助于加强与特殊教育和特殊体育管理部门的沟通和联系。

（二）特殊教育专业课程设置分析

在人才培养机构的培养规划中，最重要的一项是专业课程设置。人才培养目标首先要在专业课程实践教学过程中逐步完成。同时，特殊教育专业课程设置一定程度上也能够反映体育类特殊教育专业人才培养机构的师资力量强弱，特别是特殊教育体育属于交叉学科专业，相关课程的开设情况能够从侧面反映出不同学校专业师资配备情况。

（三）特殊教育专业招生情况分析

特殊教育体育教师在我国的人才培养历史虽然很短，但是起点较高。目前国内培养机构都是以本科生培养为起点，但在招收生源类型上各学校存在一定差别。

目前我国体育类特殊教育专业人才培养单位中，只有天津体育学院招收残障考生，有体育特长的残障考生的培养渠道有待进一步拓宽。天津和西安的两所体育学院既招收体育类考生，也招收普通高考文化课考生。招收高考文化课考生更看重的是考生的综合文化素质较高，外语能力较强，可以充实到特殊体育事业规划、管理等部门。所有学校都招收体育类考生，显然体育类考生将成为我国特殊体育事业发展的主力军，具有体育特长的体育类考生比例较大有效增加了特殊教育体育教师人才储备。

在多年培养体育类特殊教育专业本科人才的基础上，国内部分高校近年已经开始招收体育类特殊教育专业研究生，如华东师范大学招收残疾人体育研究方向的研究生，北京体育大学招收特殊体育研究方向的硕士和博士。

辽宁师范大学体育学院是国内最早招收特殊教育方向的体育院系，是充分利用师范大学既有特殊教育专业又有体育教育专业的综合优势培养特殊教育体育教师的有益尝试。

（四）完善特殊教育体育教师岗前培养体系的建议

1. 明确培养目标，增设专业方向

我国特殊教育体育教师专业人才培养尚处于初级阶段。教育现代化和教师专业化是我国教育重要发展目标，为了满足特殊教育体育教师的专业化培养需要，培养机构应从增设专业方向，明确培养目标着手积极开展教学改革，努力提升特殊教育体育教师职前培养阶段的专业化水平。

现有体育院校特殊教育专业设置体系中，制定培养目标过程中更倾向于培养综合型应用人才。从实际培养状况分析，这种综合型的人才培养的产出效果并没有达成预期。面对体育师资整体专业化水平不高的现状，体育院校辛苦培养出的特殊教育人才并没有得到社会的广泛认可，至少在特殊教育学校招聘过程中没有体现出专业优势。

在课程设置上可以考虑对体育院校特殊教育专业学生开设通识型理论课程和技能课程的基础上，针对不同专业方向开设针对性和实用性更强的选修课程。受多种因素的影响，报考特殊教育专业的中学生并非全部都是怀揣投身特殊教育事业的理想迈入高校大门。如果不能明确对特殊教育专业的培养目标，就会造成相当一部分特殊教育专业毕业生在自身专业精神准备严重不足的情况下走上特殊教育工作岗位。因此，对选择特殊教育方向的学生，从入学起就应明确其未来的发展方向和目标，学校再辅以科学合理的培养方案将有效提升专业素质，有助于培养学生积极的专业态度，为今后走上特殊教育体育教师工作岗位建立一定的心理预期。

2. 注重实践教育，优化专业技能

特殊教育教师的培养难度比普通教师的培养难度大很多，主要原因是残障学

生的特殊性。针对不同残障的学生，特殊教育学校体育教师要尽可能全面了解残障学生的生理和心理特点，在此基础上特殊教育体育教师还必须掌握相应的教学工具和手段。如针对盲生和聋生展开体育教学，教师需要掌握盲文、手语等必要的专业性技能。这些专业技能大多需要在实践中不断强化和提升，单纯依靠大四教育实习很难将专业知识与实践技能有效结合到一起。

对体育院校特殊教育专业学生进行特殊教育理论培养的过程中必须注重与特殊教育实践内容相结合。特殊教育专业的生存与发展必须改变侧重于专业理论的传统教学模式，应加大对特殊教育专业学生特殊教育体育教学综合实践能力的培养力度。针对特殊教育体育教师专业技能的特殊性，培养机构有必要从新生入学后的第一学期就安排针对性较强的特殊教育学校实地参观考察，使学生建立起初步的感性认识。

3. 增加培养机构，确保人才输送

国家发展特殊教育的核心目标之一要提高特殊教育学校的覆盖率。在特殊教育学校总数逐年递增的情况下，要持续推进我国残障学生的义务教育普及工作，健全残障儿童教育体系。在城市地区，听力障碍、视力障碍和智力障碍的残障儿童义务教育率应与正常儿童基本持平；偏远地区残障学生的义务教育率应逐年提高；对于尚未普及九年义务教育的地区应将残障儿童的义务教育作为重要工作内容，残障学生的义务教育率要达到70%左右。

从我国特殊教育发展趋势判断，仅目前的几所体育院校招收培养特殊教育专业人才显然不足以满足未来我国特殊教育学校对特殊教育体育师资的需求。教育主管部门应采取有效措施鼓励国内有条件的体育院校积极申报特殊教育专业，增加特殊教育体育教师专业人才培养单位的数量，扩大专业招生人数，做好人才储备工作，科学合理配备特殊教育体育教师。

二、建立特殊教育体育教师资质准入制度

教师资质制度与教师证书制度基本同义，是对新进教师的基本要求，也是控制新进教师质量的重要手段。当前，建立教师资质标准、实施教师资质准入已成为世界范围内教师专业发展的基本格局。教师资质制度建设一般要经历多个历程，首先由注重教师学历资质的初级发展阶段，逐步过渡到规范教师资格考试、倾向

于开放教师培养模式和知识本位的中级发展阶段，最后发展到注重教师实践教育教学能力、倾向于教师专业化发展和能力本位的高级发展阶段。目前，世界上特殊教育整体发展先进国家大多实施“教师资质和特殊教育资质”的双证书资格制度。如日本、英国、美国等都已经确立了特殊教育教师资质标准。

我国在教师队伍建设方面推行的是逐渐以教师教育替代传统的师范教育，在这一过程中表现出一些新的制度性特征，最为重要的制度性特征就是全面推进教师资质制度。我国在教师资质研制方面起步较晚，至今不过二十几年。教师资质认证真正实施的历史更短。目前在教师资质建设方面还存在着资质标准宽泛、资质类型单一等问题。

严格教师资质是当前各类教师队伍建设的总体要求。迄今为止我国尚未出台有关特殊教育体育教师资质的文件，这显然有悖于国家教师队伍建设基本策略和国家教育发展规划纲要文件精神。目前亟待解决的问题就是研究并制定特殊教育体育教师资质标准，实施特殊教育体育教师资质准入。

（一）建立特殊教育体育教师资质准入的必要性分析

我国教师整体专业水平不高，严重制约了体育教学的质量。建立并实施资质准入制度的最重要目标就是通过资质准入逐步提升教师的整体专业化水平，保障新进教师的质量、优化教师的公共形象、逐步提高教师的声誉和福利待遇，以此吸引更多优秀的体育人才申请特殊教师资格。

1. 特殊教育体育教师的实行资质准入

建立特殊教育体育教师资质标准，实施特殊教育体育教师资质准入是推进特殊教育体育教师专业化进程的有效措施，是特殊教育体育教师专业化水平的重要标志。与普通教师相比，对特殊教育体育教师的专业要求更高。特殊教育体育教师既要掌握基本的体育专项素质，还要掌握特殊教育专项技能。由于教育对象的特殊性，特殊教育体育教师往往需要更坚定的敬业精神和职业道德，教学过程中肩负的岗位职责也有别于普通体育教师。教师资质标准能够明确对特殊教育体育教师的专业性要求，引导特殊教育体育教师的专业化发展。

国家对各类普通体育教师均已出台相应的教师资质。对于特殊教育体育教师而言，目前特殊教育体育教师只能考取对应级别的普通体育教师资质证书。这种现状弱化了特殊教育体育教师对提升自身专业知识技能的意识。制定特殊教育体育教师资质标准可以有效区分特殊教育教师与普通教师的专业化差异，并为特殊教育体育教师的专业化发展提供制度保障。

2. 有效改善特殊教育体育教师队伍专业结构

国内对特殊教育学校体育教师现状的调研结果，当前我国特殊教育体育教师队伍存在的主要问题是专业化程度不高、在职培训机制不健全。特殊教育体育教师专业化程度不高主要体现在两点，一是特殊教育体育教师中非体育专业的教师人数比例相对较高，且大多数特殊教育体育教师未经历特殊教育专业系统培训；二是兼职的特殊教育体育教师占比例相对较大。

与同属基础教育领域的普通学校体育教师相比，特殊教育学校体育教师整体专业水平不高的问题尤显突出，亟待改善。实施特殊教育体育教师资质准入是建设特殊教育体育教师队伍的基本制度保障，有利于使特殊教育体育师资队伍管理迈入制度化、系统化和专业化的发展轨道。

3. 有助于培养单位与用人单位的有效对接

目前特殊教育体育教师队伍建设的职前培养阶段存在一系列问题的重要根源就在于我们没有一个国家认证的特殊教育体育教师统一资质标准及相关教师管理制度，这就使针对特殊教育的培养失去了方向，其效果可想而知。而制定国家层面上的特殊教育体育教师任职标准，实行特殊教育体育教师资质准入能够从根本上解决特殊教育体育教师培养单位和用人单位对人才标准理解的偏差和不确定性，保证优质的特殊教育体育人才与特殊教育学校的顺利对接。

4. 有力推动在职培训

特殊教育学校体育工作的特殊性要求任职特殊教育体育教师应同时兼备体育专项技能和特殊教育综合能力。由于我国在相当长的一段时期并没有建立特殊教育体育教师的专业培养体系，当前绝大部分在职特殊教育体育教师要么是普通高校体育相关专业毕业，没有接受过特殊教育的系统培养；要么是特殊教育相关专业毕业，没有接受系统的体育专业培训。

由于特殊教育体育教师整体专业程度不高，已经影响到我国特殊教育事业的全面发展。在职特殊教育体育教师的专项培训要比其他专业的教师更加有必要，也更要有针对性。尽早确立特殊教育体育教师的资质标准是建立合理有效的特殊教育体育教师在职培训机制的前提和保障。实行特殊教育体育教师资质准入可以使特殊教育体育教师的在职培训具有更加明确的指向性，这种指向性目前看来具有十分重要的意义。建立特殊教育体育教师资质准入制度，明确特殊教育体育教师的任职资质，才能有的放矢地进行在职特殊教育体育教师的专项培训，进而逐步提高特殊教育体育教师队伍整体的教育素养和综合教学能力。

此外，对于常年工作在特殊教育学校体育教学一线的特殊教育体育教师，往往缺少可持续专业提升的主观意愿。实行特殊教育体育教师资质准入将为在职特殊教育体育教师提供了职业发展的新目标，有助于强化和提升我国特殊教育学校在职特殊教育体育教师的专业发展意识，进而推动在职特殊教育体育教师自觉提高和扩展自身的专业知识与专业技能。

（二）建立特殊教育体育教师资质准入的可行性分析

1. 国家相关政策支持及保障的落实

国家早就以文件形式指出要“实施特殊教育资质”和“规范特殊教育资质条件”。研究制定特殊教育体育教师资质标准，并进一步推行特殊教育体育教师资质准入符合我国教育政策及中长期发展规划要求。我国一直未出台国家层面上的特殊教师资质标准相关文件，但有地方政府进行了有益的尝试。如上海市最先研制了特殊教育资质。上海市试行的是资质准入式的资质证书制度，其制定和实施过程的经验对研究我国特殊教育体育教师资质准入制度有积极的借鉴意义。

2. 专业研究平台及智力支持的机遇

特殊教育体育教师培养单位不仅为国家培养了人才，同时也带动了相关研究，增强了相关研究领域的人才储备。特殊教育体育教师资质准入制度研究属于应用性研究，我国现有的特殊教育体育教师培养单位为其提供了实践研究的平台，同时又提供了智力支持。目前我国有多所体育类院校设立了特殊教育专业，且大多已培养了一届以上的毕业生，积累了一定的特殊教育专业教学和科研经验，将为特殊教育体育教师资质准入制度的研究提供强有力支持。

此外，我国共有各类特殊教育学校 1853 所。这些学校也为特殊教育体育教师资质准入的研究提供了必要的研究平台。目前我国有 40 多所普通高校（不含民办学校）设有特殊教育专业，这些特殊教育人才培养机构本身也都是特殊教育研究机构，在特殊教育体育教师资质准入制度研制过程中也可以提供专业指导。

三、特殊教育体育教师培养和培训发展分析

现代教育发展要求教师教育在终身教育理念指导下可持续发展，特殊教育体育教师培养和培训一体化是实现特殊教育体育教师可持续发展的有效手段。目前我国特殊教育体育教师专业培养的历史较短，培训体系也不健全。但我国教育改革和特殊教育事业发展的脚步不断加快，这就要求特殊教育体育师资队伍建设必须向职前培养和职后培训一体化的方向努力，实现跨越式发展。

（一）建立培训一体化的作用和意义

首先，特殊教育培训一体化有助于整合特殊教育体育教师培养培训资源。特殊教育体育教师培养培训一体化的发展目标是将特殊教育体育教师职前培养、入职培训和职后培训三个阶段整合成为联系紧密、优势互补的特殊教育体育教师综合发展平台。特殊教育体育教师培养机构应充分认识到特殊教育体育教师专业发展的连续性与长期性，要充分考虑到特殊教育体育教师职前培养和职后培训的衔接问题，关注并积极参与到在职特殊教育体育教师的培训工作，努力实现特殊教育体育教师教育一体化，为特殊教育体育教师专业化发展提供多元化服务。

我国目前仅有天津体育学院等极少数高等体育院校开设特殊教育专业，特殊教育体育教师职前培养机构数量十分有限。由于特殊教育体育教师工作的特殊性，单纯对在职特殊教育体育教师进行特殊教育理论培训或者体育实践技能培训并不能有效保证培训效果。特殊教育体育教师专业培养的教师资源、课程资源、扶持政策等人力和物力资源相对集中在这几所体育院校。因此，在天津体育学院等培养机构中设立在职培训机构更符合我国教师专业发展现状。根据不同类型培训的需要，教师培养机构可以针对性开展短期分散、短期集中、网络远程、脱产驻校等多种培训形式。

其次，特殊教育体育教师培养培训一体化有助于明确特殊教育体育教师职业定位。特殊教育体育教师专业化发展的重要问题是要明确特殊教育体育教师的职业定位。长期以来我国一直以普通教师替代特殊体育教师的根源就是混淆了特殊教育体育教师的职业定位。特殊教育体育教师与其他学科特殊教育教师一样要掌

握基本的特殊教育理论，具备综合的特殊教育教育教学能力，同时要掌握体育专业知识与专业技能。

特殊教育体育教师培养培训一体化发展在实现特殊教育体育教师职前培养和职后培训可持续发展的基础上，通过课程设置、理论培训和实践交流等培养体育院校特殊教育专业在校生的综合特殊教育教学能力，要在特殊教育体育教师的培养阶段就强化特殊教育专业思想。同时，针对在职特殊教育体育教师的各级各类培训过程中也要加大特殊教育理论的培训比例并增加特殊教育专业思想教育内容。提升特殊教育体育教师群体特殊教育专业素养的过程中特殊教育体育教师的职业定位也会越来越清晰。

再次，特殊教育体育教师培养培训一体化有利于建立特殊教育体育教师培养单位和用人单位的有效对接机制。我国特殊教育体育教师人才培养有两个核心问题，一是人才培养质量，特殊教育体育教师培养单位的基本任务是要培养合格的特殊教育体育教师人才；二是专业就业率，特殊教育体育教师培养单位培养出的合格人才还要能够顺利走上特殊教育体育教师工作岗位。

特殊教育体育教师培养和培训一体化发展的目的和作用是整合培养培训资源，搭建交流学习平台，能够促进培养单位和用人单位的有效对接。第一，在职特殊教育体育教师进行各类的培训过程中能够得到一线特殊教育体育教师的各种信息反馈，培养单位可以根据反馈信息及时调整特殊教育体育教师职前培养的课程设置，优化培养方案，培养符合用人单位实际需要的合格特殊教育体育教师人才。第二，在开展特殊教育体育教师职后培训的过程中不断建立并积累与特殊教育学校、地方教育行政主管部门、地方教师培训机构的联系与合作。通过建立特殊教育体育教师人才信息库和就业信息发布平台等方式建立培养单位和用人单位的对接机制，为特殊教育体育专业人才和用人单位搭建双向选择的平台。

最后，特殊教育体育教师培养培训一体化模式迎合了全纳教育理念。全纳教育的核心理念是要提升面向全体学生的教育质量，保障每个适龄儿童享有平等教育的公民权利。随班就读是我国发展全纳教育的主要措施，是将残障儿童纳入普通学校接受教育的组织方式。在普通学校开展残障儿童随班就读的意义和目的就是要使残障学生和健全学生享有同等的受教育权利，帮助残障学生更好地融入社会。随着我国普通学校中残障学生规模的逐渐扩大，对普通体育教师特殊教育能力的需求压力逐渐加大。

（二）建立培训一体化的推进策略

1. 建立培训一体化的制度保障机制

我国特殊教育体育教师专业培养的历史相对较短，培养机构也仅限于几所高等体育院校，特殊教育体育教师专业培养存在明显的不足。而特殊教育体育教师培训机制也尚未建立。要实现特殊教育体育教师培养培训一体化的发展目标需要国家在政策上给予一定的支持并提供必要的制度保障。

首先，职前培养阶段是学生的专业准备阶段，侧重于教师专业知识和专业技能的系统学习，是对教师职业意识的初步形成阶段。在特殊教育体育教师职前培养阶段，应在体育院校中加大对特殊教育专业建设的投入力度，建立相应的专业培养激励制度。如为特殊教育体育教师方向发展的在校生提供学费减免等激励措施，努力为特殊教育体育教师职前培养提供更高起点、更高标准的专业发展平台和更好的发展契机。

其次，入职培训阶段是新入职特殊教育体育教师正式从事特殊教育体育教学工作前的岗前进修和实习导入活动。对于新任特殊教育体育教师，要采取必要措施做好基本物质保障，使新任特殊教育体育教师能把精力投入到学校教学工作中。在此基础上要积极制定专业发展激励政策并形成长效机制。在特殊教育体育教师入职培训阶段，应制定特殊体育教师入职培训标准，并根据各地区具体情况和新入职特殊教育体育教师的专业知识技能结构采取校本培训、分散培训、集中培训和网络远程培训等形式切实提高新入职特殊教育体育教师的专业综合理论与实践技能。此外，特殊教育体育教师培养机构也应在学生修完所有学分后进行针对性的就业指导工作，协助体育院校特殊教育专业学生做好进入特殊教育体育教师职业角色的各方面准备。

最后，在职培训阶段是特殊教育学校在职体育教师在从事特殊教育体育教学工作过程中提升专业水平的各类进修培训活动。在特殊教育体育教师职后培训阶段应侧重于对特殊教育体育教师的专业结构进行及时完善与更新，同时也注重激励特殊教育体育教师保持并发挥专业热忱，鼓励现任特殊教育学校体育教师群体通过在职培训、学习交流等多种形式提升专业素质和从业技能。

教师的培养阶段更注重全面性，而培训阶段更注重专业性。特殊教育体育教师职后培训阶段，在国家大力发展特殊教育师资培训的基础上应全面考虑教师的专业特殊性。鉴于当前体育教师人员配置存在的特殊教育理论知识培训缺失比较严重的现状，有必要建立具有专业特征的特殊教育体育教师专项培训制度，对在职特殊教育体育教师的培训机构、培训时间、培训内容做出具体规定并责成政府教育督导部门定期监督检查完成情况，充分发挥教育行政力量的推动性。

2. 构建培训一体化的教育网络平台

首先，将特殊教育体育教师教育网络平台建成一个理论课程学习平台。我国的特殊教育体育教师专业培养仅有十数年的历史，绝大多数的在职特殊教育体育教师求学期间没有学习过特殊教育相关理论知识。在特殊教育体育教师教育网络平台上建成一套科学完备的特殊教育基础理论课程体系，并提供必要的网络学习指导。同时，特殊理论课程学习平台也为处于职前培养阶段的体育院校特殊教育专业在校生提供了在课堂学习之余根据自身需要选择性继续学习特殊教育相关理论知识的可能。

其次，将特殊教育体育教师教育网络平台建成一个实践技能交流平台。缺少相互间的学习和交流是特殊教育体育教师专业化发展的不利因素之一。随着近几年国家对特殊教育的政策与资金扶持，部分地区通过资源整合，将本地区多所特殊教育学校合并成立特殊教育中心，同一地域学校数量有相对减少的趋势。根据我们多年调研的经验，我国绝大多数省市特殊教育学校设置到区县一级。学校数量不多且学校间距离较远，极大地阻碍了不同学校特殊教育体育教师间的学习、交流与合作。特殊教育与普通教育的差异性决定了体育教学工作最理想的学习交流对象应该是本地区的同类学校的体育教师。搭建网络交流平台的过程中，通过积极引导同类特殊教育学校间的互动，加强本地区同类学校特殊教育体育教师之间的横向联系。

最后，将特殊教育体育教师教育网络平台建成一个综合远程培训平台。我国特殊教育学校配置基本是以县区为单位，特殊教育学校分布比较分散，很难组织有效的集中专业培训。以互联网技术为基础的远程培训模式极大降低了特殊教育体育教师教育培训对时间和空间的要求，拓宽了特殊教育体育教师职后培训渠道。在特殊教育体育教师教育网络平台上可逐步推广特殊教育体育教师入职培训、在职特殊教育体育教师专业培训、特殊教育体育教师资质认证培训等各类培训内容，为我国特殊教育体育教师培训体系提供新的培训组织模式。

第六章　体育教育资源的整合与教育改革发展走向

所谓资源，是指在一定的时间、地点条件下能够产生经济价值和社会效应，以提高社会和人类发展水平和质量的一切条件和因素。它不仅有来自天然的，而且包括经过加工改造的物质，甚至生产所需的技术、信息和劳动力等。因此，可以把能够体现体育教育功能和价值，并促进体育教育发展的一切事物称为体育教育资源，包括竞技运动项目、民族传统体育项目、新兴运动项目、体育信息、人力资源、课外和校外体育资源、自然环境和各种物质资源等。体育教育资源是进行正常体育教育活动的重要组成部分，体育教育资源的质量和数量是影响体育教育效果的主要因素之一。本章从体育教育资源的开发与利用、我国体育现代化远程教育市场发展走向解析和 MOOC 背景下的教育改革问题分析上分析。解读体育教育资源整合与改革的发展走向。

第一节　体育教育资源的开发与利用

体育教育资源开发是指为了充分利用体育教育资源，提高体育教育资源的利用率，改善体育教育资源不足的现象，并为保证体育教育顺利进行面对各种资源进行挖掘、改造、整合、利用所采取的一系列措施与活动的总称。体育教育资源开发的基本思想即使潜在的体育教育资源得到充分的发掘，使现实的体育教育资源得到充分的利用，采用各种有效的手段和途径对各种体育教育资源进行新的功能发掘、重新组织和调配，以增加体育教育资源的种类与数量，提高体育教育资源的利用深度和使用效率，满足学生多样化的体育学习和锻炼需求，并确保体育教育目的的顺利实现。

一、竞技运动项目的开发与利用分析

（一）竞技运动项目开发和利用的意义所在

竞技运动是一种具有较强竞争性、挑战性、规则性、不确定性的身体运动。虽然它实质上是一种娱乐活动，但它突出强调的是竞争性与竞技性。体育不等于竞技运动，两者有着本质的区别，但它们又相互交叉，存在紧密的联系。由于受传统体育教育思想的影响，体育教育内容一直是以竞技运动项目教学为主，这极易形成竞技化、训练式的教学模式，大大影响了学生对体育学习的兴趣和积极性，同时也阻碍了体育教育功能的正常实现。但竞技运动本身又具有突出的教育价值和健身价值，同时它也是当今人们进行日常体育锻炼选用较多的内容和方式。因此，必须对竞技运动进行开发和改造，去掉那些与大众体育教育不相符合的内容，这不仅有助于丰富体育教育内容.更好地传承体育文化，还能消除学生恐惧、害怕、厌烦的心理，激发他们进行体育学习和锻炼的热情和主动性，发展其运动兴趣，为他们终身从事体育活动奠定良好的基础。

（二）竞技运动项目改造的基本原则分析

1. 实效性原则

根据强身、健体、育心的原则，使竞技运动项目成为具有显著效果的身体锻炼手段，成为有趣、操作简单的运动项目，便于学生随时进行自主锻炼与娱乐，为终身体育意识、习惯和能力的形成服务，而不仅仅只在课堂中、教师帮助下练习。

2. 可接受性原则

对竞技运动项目进行改造要考虑到学生的身心发展特征、体能、运动技能基础、兴趣爱好等，力图改变他们对竞技运动的错误认识或态度。改造后的运动项目是大部分学生的实际运动条件和水平所能适应和接受的，它不仅要能使学生主动、自觉、积极地参与体育学习，也是学生通过一段时间刻苦的练习后能够达到运动项目的基本技术要求，并能在他们的日常锻炼中能独立、正确地运用，促进其健康的发展。

3. 趣味性原则

竞技运动项目的改造，要打破以往竞技运动要求高、规则严、参与人数少、竞技性强等性质的限制，力求突出健身性、趣味性和科学性为一体的特点，以保证学生能在愉快的气氛中获得运动知识和技能。

4. 安全性原则

学生的安全是开展健身活动的前提，对竞技运动项目改造要充分估计学生各方面的特点和客观教育环境及条件，必须削减那些危险性大、易发生伤害事故的内容，做到防患于未然，保证改造后的竞技运动项目更有利于学生的健康发展。

5. 可行性原则

在充分挖掘竞技运动项目价值的同时，还需考虑到竞技运动项目在实施过程中特需的各种支持和客观条件。因此，改造竞技运动项目要结合本地、本校体育教师的教学能力和个人特点，以及各种物质资源和条件，这不仅能改善目前很多学校体育教育场地和器材不足的状况，使改造后的运动项目更具现实可行性，也有利于形成各自的体育教育特色。

（三）竞技运动项目改造的基本方法探索

1. 简化技术结构，降低运动难度的方法

消除学生对竞技运动的不良心理，使其树立进行体育学习和坚持体育锻炼的信心和决心。另外，不对学生的动作进行“精雕细琢”，突出运动体验，培养运动兴趣和爱好。

2. 修改教学内容的方法

根据学生的兴趣、接受能力和水平，以及教师的教学特点，去掉竞技运动项目中那些复杂、难度较高和要求较高的成分，对学生进行基本运动技术和技能的培养，增强体能，增进健康。

3. 降低运动负荷的方法

较好的适应学生的年龄特征和身心特点，使运动负荷控制在学生所能承受的最佳运动负荷范围内，利于学生进行有效的锻炼并获得最佳锻炼效果。

4. 合理规划器材规格，调整竞技比赛规则的方法

弱化竞技运动的比赛性、竞争性和竞技性，使其能较好适应广大学生和教育环境的实际状况，有利于激发学生的运动兴趣，使更多的学生能投入其中，充分享受运动带来的乐趣。

二、新兴体育运动项目的开发与利用分析

近年来，由于《全民健身计划纲要》的实施以及基础教育课程改革的推进，不断要求体育教育内容要以人为本，满足不同层次、不同水平、不同兴趣学生的需要，并适应学生个性和社会发展的需要，为学生日常的体育锻炼所用。伴随着社会和人类的发展与不断进步，人们有能力、有欲望去尝试和接受新鲜的事物。现代学生精力旺盛，对新理念、新思维、新颖时尚事物认识途径较广，吸收速度也很快，对于新鲜事物所带来的新奇、刺激以及可能在新事物中所获得的收益有非常强烈的需求和渴望。

（一）开发新兴体育运动项目的价值体现

许多新兴体育项目从国外流传进来，反映着不同的文化背景与意识形态，它们更崇尚自由、个性、合作、独立，这些都迎合了现代学生的心理特征和发展需要。新兴体育项目力求通过运动增强自我意识，让学生在运动中获得运动体验和人生感悟，它所蕴涵着的文化内容可以转化为新时代人所必需的一些人格特征，比如人文关怀、团结合作、信任集体与他人、竞争、拼搏与豁达等。另外，新兴体育项目也充分体现了如今体育的休闲、健身、娱乐的功能和人们的多元化运动需求。

（二）新兴体育运动项目开发与利用的方法解读

引入的项目除了具有教育价值外，要集锻炼、休闲、新颖、时尚、实用为一体的特点，而且一定要具有独特的特点和魅力，并适合学生的年龄、文化背景、心理特点要求。根据学生的不同需求和个体差异、年龄特点和兴趣爱好，选择贴近学生生活的新兴体育运动项目，同时注意把学生对时尚的追求转移到参与健康、新颖、参与性强及能充分展现个性的运动中来。

不能过于注重新兴运动项目的时尚性和趣味性、休闲性，应充分开发其健身性、教育性和挑战性，使学生能在运动后体会到成功的喜悦和运动本身的价值及意义。

抓好师资队伍建设，引进高学历人才，给更多教师创造进修和外出交流学习机会。因为许多新兴体育运动项目并未教材化，很多都处于摸索阶段，所以教师要注意更新自己的知识结构，提升运动项目教材化的能力和水平，加强对新兴运动项目的深入了解，从而更好地研究和使用新兴运动项目。

三、物质资源方面的开发与利用分析

（一）资源合理利用——对体育场地设施的开发

学校体育工作者要因地制宜，合理、科学的开发各种校内或校外资源，更好的为教学服务。如学校的树林可用来爬竿或进行障碍赛；利用台阶做下肢力量训练或心肺耐力练习；利用草地做技巧或柔韧练习；利用墙壁进行乒乓球、排球或网球练习；利用校内的沙地制成沙滩排球场；利用学校的自然地理环境进行不同的跑跳练习等。另外，对于校内的一些固定场地进行多种价值的开发，例如：篮球场可以使用可移动的篮球架，稍加改动就可以成为排球、羽毛球、乒乓球训练和比赛以及各种表演的场地，等等。不仅如此，适当调整篮球架高度、排球网高度、足球场地面积、篮球圈直径等，不但能较好地将成人化的场地设施改造成适于不同身心特点、不同运动条件学生进行体育学习和日常锻炼的场所，同时也增强学生学习的信心和成就感，较好地满足不同层次学生的各种锻炼需求。

（二）硬件条件配备——体育器材设备的开发

1. 发挥器材的多种功能

体育器材的缺乏是许多学校面临的现实问题，这就需要体育教师和学生共同发挥聪明才智，转换视角和思维方式，结合学生实际、运动项目特点和器材特点，做到一物多用，从而减轻运动器材不足的程度。例如：一根跳绳，既可以组织做绳操练习，又可用于辅助立定跳远、行进间多级跳，还可以用来做拔河活动和接力游戏、组字比赛等。另外，手榴弹和实心球可以组合成简易的保龄球游戏，体操棒和小皮球可以进行垒球练习，篮圈也可以用做排球传球准确性练习等。

2. 改造器材规格

根据学生的实际运动条件，对运动器材进行适当的结构或规格改造，可以有效避免“成人化”现象的出现。例如，利用毛竹自制成直径不一的竹圈，用长绳悬挂在篮架上，教学中根据实际情况升降篮圈高度，不仅可以练习投篮基本功，让学生体会扣篮等动作的激情与快乐，还能调整篮圈面积，适应不同层次学生对投篮准确率的需求。由此也拓宽了体育器材的受益面，激发学生参与活动的兴趣，尤其能使那些胆小、缺乏自信心、运动能力较差、个小的学生积极参与其中，他们在标准器材上无法完成而又比较感兴趣的那些动作技术就能够在改编后的场地和器材上得到尝试和练习。这样，不仅让不同条件的学生都学到运动技术，又能充分体会到成功的乐趣。

3. 变废为宝，制作简易器材

根据各地区的资源，结合本校实际，制作简易的体育器材，这是改善教学条件的有效途径之一。例如：用树桩制作“山羊”，用布缝成沙包，用转头、水泥砌成乒乓球台，用废旧足球、棉纱和沙子等制作实心球、沙袋等器械，破了的球可以吊起来做摸高标志物，废弃的矿泉水瓶在装上沙子后就可以结合实心球开展简易的保龄球运动。另外，还可以用竹网代替排球网，用无底的篮子钉在墙上当篮圈，用三根竹棍定成足球门，用两个饮料瓶装沙子制作一副哑铃，用鸡毛扎成毽子，用木棍做成武术棍，用木段在洼地上制作成梅花桩，用木块制成木刀和木剑，用破排球和破足球制作实心球，等等。

4. 扬长避短布局场地器材

合理的场地器材布局，将有限的空间改造成高效率、多功能的综合活动区，不仅能满足日常体育课堂教学以及课外体育活动的基本需要，保证学生的实际活动空间，还具有较高的安全性。既易于教学活动的组织和管理，又能相互依托，提高教学效率。

第二节 我国体育现代远程教育市场发展走向解析

当下，现代远程教育产业在我国发展近20年，发展较为成熟。巨大的现代远程教育产业规模从整体上提升了我国体育现代远程教育产业的水平，这就为体育远程教育市场的发展打下了良好的基础。

一、我国体育现代远程教育市场发展趋势与前景展望

我国体育现代远程教育是我国社会和经济发展所需产生的一种新的教育形式，它符合体育产业发展的需要，符合教育信息化发展需要，它的发展有国家利好政策法规的扶持，更有经济、技术等各方面的支持，因此我国体育现代远程教育市场有着很好的发展前景。

关于对我国现代远程教育发展前景问题的认识和考虑，早在1998年教育部出台的《面向21世纪教育振兴行动计划》就已提到。《计划》明确提到“落实科教兴国战略，全面推进教育的改革和发展，实施‘现代远程教育工程’，符合世界科技教育发展的潮流，要作为重要的基础设施加大建设力度。”随后教育部陈至立部长在多次年度工作会议中多次强调要充分认识和重视现代远程教育，积极推进教育信息化发展，对21世纪教育发展将至关重要。这些政策性的指导一方面强调政府对远程教育的支持，一方面鼓励人们树立的终身学习观念。随着科教兴国战略的实施，我国对教育的投入及支持力度相对其他领域而言具有无可比拟的优势，而且由于教育需求基数大，范围广且教育发展不均衡等现状，使得我国的远程教育市场成了被关注的投资重点和热点，尤其是在近些年，一些国企、民营企业、外资企业等都纷纷加快步伐进入远程教育市场抢占市场份额。从这些角度看可以肯定的是未来我国的远程教育前景较为可观。

（一）网络教育文凭逐步发展

网络远程教育是一种随着社会发展而产生的新型教育模式，在我国已有十多年的历史，现有试点高校68所。近几年，由于远程教育政策法规的频频出台，试点高校和校外学习中心办学越来越规范，基础设施建设投入不断加大，师资

建设、教学质量、技术支持等有保障，招生系统、教学教务管理系统不断完善，开设专业较全，基本涉及所有专业等，网络远程教育塑造了良好的口碑，获得了社会广泛的关注，吸引了数千万需要“充电”的学员。据一项最新调查显示，加入网络远程教育在读人数正一直呈倍数增长，全国网络教育注册学生已经突破千万。据了解，目前报读网络大学的学员 90% 以上是在职人员。这是因为就业竞争日趋激烈，在职人员为提升竞争优势需要随时和及时“充电”，而灵活便捷的网络远程教育是解决其工作与学习矛盾的最佳方式。

国家教育部门虽然一直认可网络教育文凭，但前些年，网络教育文凭认可度在社会上一直倍受争议。随着远程教育不断的发展，近几年，从通过参加远程教育毕业的学员的就业实际情况看，网络教育文凭的社会认可度正在逐步提高。如北京外国语大学网络教育学院发布的国内首份网络大学毕业生调查报告显示，有 72% 上的毕业生认为，通过网络远程教育的学习确实提升了学历和工作能力并增强了自信心；有 57% 的毕业生毕业后薪水比以前有提高；有 38%的毕业生获得了职位提升；有 40%的毕业生毕业后担任了管理职位。进入 2 1 世纪后，我国由商品经济市场向知识经济市场的转变，对人才要求也变得更加多样化和复杂化，毋庸置疑的是现代社会发展是既看重能力又看重文凭的社会，面对现实情况，这无疑将很好的促进了网络教育文凭会越来越受到青睐。

（二）我国体育现代远程教育市场价值

当前，我国四所已开设体育现代远程教育专业高校的收入来源主要为学杂费用。每所高校虽然均按学分制缴纳学费，但由于开设课程、培养目标、教学环境、条件、师资等各方面存在差异，因此其各自的收费标准也都不相同。福建师范大学网络继续教育学院体育教育专业收费标准是春、秋两季招生，90 元 / 学分，专升本层次需修满 83 学分，各专业教材费第一学年预收 350 元；西南大学收费标准为：春、秋两季招生，75 元 / 学分，需修满 80 学分；华东师范大学学费标准为: 采取春、秋两季招生，170 元 / 学分，需修满 80 学分，总学费 13600 元 / 人；东北师范大学收费标准为：春、秋两季招生，第一学期须交纳不低于 30 学分的学费，第二学期交纳 20 学分学费，第三学期交纳余额部分，70 元 / 学分，需修满 75 学分。

随着现代远程教育的快速发展，目前我国整个现代远程教育市场已经进入“成长期”，有着潜在的接受体育远程教育的庞大人口基数，因此可以认为我国体育现代远程教育市场未来会茁壮成长起来并且存在着较好的前景。

（三）体育教育硬件、软件资源需求大

教育和体育领域都是信息更替最快的领域之一，但是由于教育、体育相关的管理部门和院校的网络化教育建设滞后，信息化管理和体育教育教学改革发展需求非常的不平衡，高等院校体育教师的体育知识信息更新率普遍偏低，20 ~ 30 年都用一套教学模式，适用高校体育教学的 CAI 课件较为缺乏，能严格根据高校教学大纲要求而设计开发与制作的体育术科课程教学用的 CAI 课件则更加匮乏。从整个体育远程教育市场来看，总体上还处于初级发展阶段，因为能适用于体育教学用的多媒体电子教材并不多，而且在线上能达到标准的体育教学资源也很少。但是，随着网络的普及、信息技术的发展、相关宣传工作的加强，体育现代远程教育以及与体育现代远程教育相关的体育电子商务的发展将会有较好的发展前景。

二、体育远程教育教育市场的未来发展趋势

（一）发展现代远程是教育教育的必然选择

教育是人类发展的基石，强大的技术革命是基于教育的推动才得以启动，从而推动人类的文明进步和社会意识形态的更替。同时，科学技术的发展反过来也推进了教育事业的不断发展。科学技术的不断进步发展给教育带来了全新的知识传播方式，倒逼传统教育模式向新的模式改革。

现代远程教育是以网络信息技术为基础的教育教学模式变革，与传统教学模式相比，它基本改变了那种以书本、黑板、粉笔、幻灯片等为教学媒介面对面的教学模式，而是通过利用现代信息技术营造一种虚拟课堂环境并主要强调以学生为中心，教师为辅，调动学员学习的积极性和自主性，提高学员解决问题的能力等为出发点的教学模式。在这场教育模式变革中，网络信息技术起到了至关重要的作用，使得教育信息化时代进一步走进我们的生活。

随着时间的推移，教育跟随着时代的更迭而不断发生变革，现代教育就是教育变革后的产物。教育信息化作为现代教育的主要代表之一，其发展趋势愈来愈

明显，地位越来越高，目前世界上各国都在如火如荼的推进教育信息化发展，正好可以深刻的证实这一点。我国也不例外，把教育信息化建设作为国家战略，上至国家政府，下至群众个体，不敢怠慢并不遗余力的大力推进其快速发展。教育部原部长周济曾在推进教育信息化发展的会议上明确指出，教育的信息化和网络化发展不仅是我国教育改革的必由之路，同时也是实现我国教育事业跨越式发展的重要手段。而目前教育信息化主要通过现代远程教育实现，因此现代远程教育是我国教育发展的必然选择。

（二）当前我国远程教育的发展现状

近年来，我国教育信息化建设取得了惊人的成就，形成了一个基本覆盖全国且为世界上最大的远程教育网。如卫星电视教育是我国教育事业的重要组成部分，目前已建成一个国家级网络中心，8 地区网络中心，各省市教育科研网的建设也正在加紧进行，随着现代信息技术和经济的发展，教育和科研计算机网想必覆盖全国范围应该难，只是时间问题而已。

以计算机技术为基础的现代远程教育将会在未来教育中发挥越来越重要的作用。现代远程教育有助于突破传统教学模式限制，利用现代远程教育技术，学员可以通过丰富的学习资源库自主选择自己需要的学习材料和学习工具，他们将不再需要局限于接受某一种单一的信息或者方式等。随着现代远程教育的发展，传统教学模式必然会由闭塞走向开放。

在知识经济社会中，我国体育远程教育发展得益于现远程教育普及，将在教育和体育结合的特殊产业里发光发热。

当前，随着人们生活质量的日益提高，重视健康，参与体育运动，关注体育信息的人不断增加。我国数以万计的体育教师、教练、体育干部、体育科研人员积极体育爱好者等，可以借助体育现代远程教育这一媒介，更新现有的体育知识，提高自身的技术技能，提升专业业务和工作能力，为日益增长的群众体育人口提供帮助与指导，为体育教育的持续发展提供支持，真正的落实全民体育，终身体育计划。

三、体育远程教育的市场存在潜力巨大

随着网络远程教育市场的不断成熟，网络远程教育已经逐渐普及起来，同时，

随着人们对终身教育、终身体育的追求的不断提升。体育现代远程教育这一新的体育教育模式，无疑给终身体育的落实注入了新的活力。使得每一个人都能够方便的获取体育知识，同时也为广大的体育工作者提供了继续深造的有效便捷途径。因此，体育现代远程教育这个致力于我国体育和教育事业的特殊产业是现代远程教育中最有发展潜力的产业之一。

高校的网络远程继续教育学院在读人数一直在不断增长。一项最新调查乐观估测，全国网络继续教育注册学生已经突破千万。据了解，目前报读网络继续教育学院的学员 80% 以上是在职人员。按照搜狐等互联网机构专业人士分析，预计现代远程教育的全国市场潜力将超过 3000 亿元，而体育产业将超过 5 万亿。同时随着我国教育和体育产业的蓬勃发展，这个市场将还会不断高速成长。体育现代远程教育作为现代体育产业和远程教育有机结合的一部分，想必在如此巨大的“蛋糕”中，所占份额是绝不可小觑。

体育现代远程教育市场主要面向教练员、专业运动员、体育科技工作者、体育干部、体育企业家和工人、体育服务业的相关人员的继续教育和终身教育服务。华东师范大学、东北师范大学等四所体育现代远程教育试点高校的诞生标志着我国在该市场的起步。体育远程教育发展至今已有大量的校办网校、企业办网校或者学校与企业合作办网校参与其中，为促进体育现代远程教育市场蓬勃发展，做出了重要的贡献。

（一）体育远程教育未来市场预测分析

随着我国现代远程教育市场的迅速发展，现代体育远程教育在整个远程教育中的比重越来越大。对体育远程教育的市场前景预测进行分析。体育在人们的生活中扮演的角色越来越重要，无论是体育人还是非体育人对体育的需求越来越多，如庞大数量的体育工作者（如体育教师、教练员、科研人员等）需要适时和及时更新体育知识，数量爆发式增长的非体育人士参加体育锻炼需要学习和指导等等。面对如此庞大的需求，若只依靠传统的体育教育模式是无法解决的，必须借助体育现代远程教育模式，利用它的广泛性、及时性、公平性、便捷性等优势才能满足人们的需求。因此可以说体育现代远程教育有着广泛的发展前景。

1. 远程教育市场成长性分析

从经济学角度看，需求是发展供给的唯一动力。体育远程教育是一个需求潜力巨大的市场。生源市场分析体育远程教育作为新兴的一种教育模式，是一种未来人们参加体育学习的不错的选择。通过体育远程教育学习可以帮助学员获得体育理论知识和体育技术技能，提高其专业业务水平和工作能力，使其更好的从事体育教学、体育管理、体质健康教育、社会体育指导、科研、训练和竞赛。据不完全统计，我国现有体育系统机构 7106 个，体育教师 30 多万名，各级教练 25000 多名，专业运动员 14000 多人，体育科技工作者 1 万余名，体育干部 15 万余名等，以及我国人口高峰的下一代，即将和正在准备投身体育事业的求学的群体，并且据教育部数据统计，我国中小学体育老师缺额至今还差几十万。另外还有一些潜在的可能成为接受体育远程教育教学的对象。我国体育远程教育面对如此庞大的人口基数，其教育市场潜在的能量不可估量，如果体育远程教育学员按每人接受 2 年每年平均 1000 元消费的教育算，那么市场规模就可轻松突破几百亿元，这为体育远程教育提供了巨大而持续增长的拓展空间。另外，我国政府非常重视和支持各试点高校开展现代远程教育，这也为我国体育远程教育的发展提供了良好发展环境。

2. 远程教育市场投资价值分析

为了对体育远程教育产业状况有一个全面的把握，我们需要弄清它的价值链。与传统体育教育产业市场相比，体育远程教育不仅需要提供各种硬件设备和软件支持，如包括服务器、存储器、计算机、系统平台、课件开发系统、虚拟演播系统、课件库、试题库等，而且需要提供完善的教学管理、资源管理、教学评测和安全管理等软件。由于体育远程教育存在术科教学，相比其它学科专业具有技术含量高且受众广大的特点，因此市场中潜在的利润也较大。近几年，企业对加入远程教育市场表出很强的意向，对远程教育投资的力度也不断加大。企业投资远程教育领域主要包括以下四个收益较大且投资周期不长的领域：

（1）投资通信和电脑等教育设施；

（2）投资课件；

（3）投资教学点；

（4）投资网络教育平台。

（二）盈利能力分析

我国体育现代远程教育市场的盈利能力可以从租赁、销售、产品、服务、广告收入、销售量、利润率等收益因素分析。

由于教育市场具有追求经济利益的经济效益和服务社会的公益效益的双重属性，那么现代远程教育市场也必然具有这一教育市场的特殊属性。另外，相比传统教育，现代远程教育还有四维“开放”属性，主要表征有：高校走向社会；社会走向高校；教育资源对社会开放；高等院校国际化。现代远程教育的四维开放属性形成了“低投入，高产出”的经济发展模式，因此，在分析体育现代远程教育时，虽然其公益属性决定了其不是以盈利为根本目的，但是考虑到办学的投入与产出关系问题和自身发展的需要，其追求一定的经济效益并不矛盾。

单纯从经济收益的角度来看，相比传统办学，现代远程教育办学收益模式处除了主要依赖学费收益外，还有多种灵活的收益模式。如利用教育门户网站，在此网站上，注册用户可以免费在此“开店”，然后上传自己的优秀教学成果，教育平台会上传的成果进行审核，通过之后便可定价出售，一旦有人买，提供者就可以获得收益，如知网上的论文、百度上的 PPT、教学教案、视频等借鉴商业模式创新研究，我们可以梳理出体育现代远程教育办学收益模式可以从专业和课程、学习者、系统内外部的合作关系及成本收益方式四个途径探索新思想、尝试新方法。

体育现代远程教育在近些年的发展过程中无论从管理还是质量等方面都在不断的完善和提高，并且逐渐提升其在现代远程教育产业中的地位。作为现代远程教育的基本单元组成部分，它是现代远程教育市场发展前景的试金石，也是体育产业和教育产业和谐结合的孵育器。根壮才能枝繁叶茂，我国现代远程教育市场的成熟过程，必然伴随着体育现代远程教育市场的成熟与壮大。

第三节 MOOC 背景下我国体育教育改革问题分析

MOOC 在我国的盛行已经成为现今教育发展的必然趋势，因势利导，将 MOOC 与我国体育教育进行有机结合，从而提高我国体育教育的质量，促进学生学习兴趣和运动激情，对我国当前体育教育改革与发展起到了非常重要的作用。随着社会的发展，我国体育教育的教育教学改革也紧随时代变化，在 MOOC 的影响下，我国传统教学过程的弊端日趋显露。

结合我国体育教育现状来看，MOOC 不仅给本来我国体育教育的稀缺的情况之下带来了更多可能，而且 MOOC 的教学理念已经影响了我国体育教育。MOOC 改变的不仅仅是教育，还改变了人们传播知识的新途径，我国体育教育应该充分利用 MOOC 这个教育工具，为我国体育教育的未来开创了一个新时代。在 MOOC 全面发展的现代社会，我国体育教育应紧跟时代步伐，与 MOOC 接轨，不仅为学生创造一个优越的学习环境，也为教师创造一个继续教育的优良环境，让学生和教师共同学习，借鉴国外优质的教学资源，为我国体育教育的发展打下坚实的基础。

一、促进对 MOOC 教学理念宣传，优质资源共享

由于我国 MOOC 起步较晚，因此我国体育教育 MOOC 团队并不是我们理想中模样。当前，我国应从多方面加强对 MOOC 的宣传力度。各大电商为了增加用户数量，不惜亏本做生意，对于 MOOC 来讲，用户人数的增加也尤为重要，基本等同于市场份额。MOOC 平台只有拥有了自己的用户，才会慢慢发展起来，各个 MOOC 平台通过各种方式来扩大用户群体。MOOC 平台可通过互联网信息网站进行宣传，更要利用学校、教师向学生推广 MOOC。MOOC 平台还要进行自我营销，比如利用邀请好友注册即可获得课程兑换券等等。现今，各个平台都在争抢用户，拥有用户就等于拥有了市场。加大对 MOOC 的宣传从而能更好的利用 MOOC 的优质资源，让越来越多的人得到更好的教育，促进优质资源共享，达到资源合理配置。在传统教育当中无法满足学习者需求的，可以根据自己的学

历层次，兴趣爱好，时间安排等在 MOOC 平台选择适合自己的课程，这样既节约了时间，又充分利用了 MOOC 的课程安排，达到优质资源的合理利用，使全世界的学习者都可以得到最好的教育资源，充分体现教育的公平性。

二、MOOC 特色课程，培养优良的师资队伍

培养我国体育教育顶尖的教学队伍，对体育教育的核心课程进行重点打造，突出体育教育的特色。一个学科没有特色课程，核心价值不凸显，很快就会被人遗忘或被其他课程所替代。体育教育更要根植于自身的核心专业，培育体育教育遗留的教学团队，建立体育界一流的特色课程，并通过 MOOC 平台分享给世界各地的学生。我国体育教育凭借特色课程和优质课程可以吸引更多的学生，可以提高我国体育的社会知名度，在世界同类课程中的竞争中处于优势地位，并可以确保体育教育处于世界同类课程的领先水平。我国体育教育除了要制作一流的专业核心课程，对于非核心课程的建设也不能忽略。现如今社会发展需要一专多能的人才，学生除了学习自己的专业课，多于一般的通识课，基础公共课也要有一定的认识，了解。如外语、语文、思想政治课等等。而由于我国体育教育对专业课较为重视，对于理论课比较放松，因此对于理论课的教学质量参差不齐，理论课的授课教师存在一定的局限性。甚至一些学校缺乏理论课授课教师，无法开设足够的理论课提供给学生们，因此，我国体育教育可以利用 MOOC 的优势，引进世界顶尖级的相关课程资源，弥补本校师资不足的缺陷，让学生不仅可以更好的学习理论课，还可以学习世界顶尖的理论课，加大学生学习的积极性和自主学习的能力，进而更多的为社会培养一专多能的人才。

三、丰富 MOOC 课程资源，加强环节质量管理

首先，MOOC 质量的好坏关系到 MOOC 的长久发展。国内虽然在大范围开展 MOOC，但并没有制定 MOOC 课程的相关质量标准，这在 MOOC 未来的发展上是必定会影响我国体育教育 MOOC 课程的质量。高校、政府和企业都可以共同制定 MOOC 课程质量标准。在定义 MOOC 时一定要明确 MOOC 是把整个学习过程都呈现在网络上的：教师的授课情况、学生通过互联网学习情况、网上参与互动讨论情况、网上作业的提交情况，同时还有期中、期末考试，最后通过考核

还有认定学分和证书等等诸多事宜。MOOC的基本特点是大规模、对任何人免费开放、有明确的学习目标、线上学习、课堂及线下作业、测试、社区讨论、评价考试、学习结果认定。除此之外还要建立课程审核机制，这样才能保证线上的教学资源是高质量，规范的资源。从课程的申报、评审、课程管理、考核要求和课程质量评估形成一系列完整的实施方案。而评价机制也是MOOC课程非常重要的一个环节。有效的课堂评价是MOOC课程不断完善的基础。课程质量评价可以从学生对课程的满意度，对学习过程的评价（学生的作业情况、出勤率、考试情况等），还可以组织专家对课程进行评价。这些评价机制的建立为学生选择学习课程提供参考，也对教师的课程制作进行监督。当然，评价机制不仅仅针对教师，对学生的学习情况也要进行综合评价，因此，加强课程的质量监控，可以有效的提高MOOC的教学质量及摆正MOOC发展方向。

其次，学生的个性化也限制了MOOC课程资源的制作，要充分考虑学生的学习兴趣，打造多层次的MOOC课程。由于学习者在认知方面和文化方面可能存在着较大的差异性，对课程的理解是不同的。一流高校的课程可能并不适合普通高校的学生，因此，对于同一门课程可能要设计不同的版本，为学习者和教师提供选择。可以通过学校分类自建特色课程，也可以引进国内外知名高校的优秀MOOC课程，当然体育教育不仅需要体育院校去自建特色课程，一些综合性院校也要发掘自身的特点，制作特色课程，这样才能够让体育教育课程多样化，丰富我国体育教育MOOC优质课程资源。因为我国的民族多样化，民族地区教育资源相对匮乏，还要多开设一些能够满足少数民族地区的MOOC课程，如利用少数民族语言、文化等，这对丰富教育资源也是难能可贵的。

四、借鉴MOOC课程模式，提升教改质量

由于MOOC课程的开放性特点，使得学生在MOOC教学内容以及教学方法的选择上存在着极大的多元性，MOOC平台是在互联网背景下，不受任何国界限制，所以在MOOC平台上有着数以万计甚至几百万的课程，这些课程是通过不同国家不同地区的教师讲授，改变了现在教学内容的单一性。其不足之处在于教学内容多样化之后，由于学生来自不同国家，有着不同的文化背景，知识结构而导致对统一理论产生不同认知。但是总体来讲，MOOC课程的特点带来的结果利

大于弊，是可以促进我国体育教育改革的。教学方法，通俗地讲就是我们平常说的“教的好不好”，是教师教学效果的直接反馈，是在教学过程中与其他要素相连接的组织方式，也是实现教学目标的重要环节。教师如何运用教学方法，运用合适的教学方法，使教学内容真正触动到学生的内心，是教师最为重要的。对于体育教育教学方法的改革，不仅仅可以加强体育理论知识与专业技术的联系，对于提高教学效果实践更为重要。MOOC 由美国兴起到现如今在全世界流传，其成效在不同国家和地区都得到了大众的认可。由此看来，人们都顺应着社会的发展需要，教学方法的改革也是必不可少的。很多学者都说教育的本质在于分享，而 MOOC 正是遵循了教育的本质，改变了传统教育。教学方法需要去调和课程的发展与学员的需求，如何将理论知识与专业技能用平实的教学方法讲明白，说清楚，把形象的专业知识生动的展现在学生面前，都需要教师选择最优的教学方法以达到教学目标。其次，对于教学方法的改革，应摆脱传统教育的被动学习法，让学生爱上学习，主动学习。教师要思考在教学过程中采用什么形式方法引导学生主动探索，而非采用满堂灌的教学模式。因此，我国体育教育运用 MOOC，提高学生学习能动性，激发学生学习积极性。积极吸取 MOOC 的优秀经验，大力发展我国体育教育的教学改革，使体育课程更上一个新的台阶。

五、推进 MOOC 可持续发展的重要性

MOOC 平台的建立以及运营都会消耗很多的财力、物力，仅靠政府部门资助以及高校出资都不能够保证 MOOC 的长远发展，想要让 MOOC 教学持续发展下去，必须建立合理的运营机制，至少达到收支平衡。首先，各高校间可建立学分互认的模式，这将会对各个体育教育之间的专业技术课，理论课带来更大的发展前景，不仅可以达到合理的资源配置，还可以让学生享受更加优质的教学课程。其次在线有偿学习其他体育专业技术科也有一多半学习者表示赞同。加大 MOOC 市场化，对在职人员的体育教育也从不放松，MOOC 不仅为学校体育教育提供资源，也可以利用在职人员的学习兴趣对其提供新的培训模式，这也是 MOOC 潜在的盈利方式。MOOC 可以解决我国体育教育资源相对匮乏的问题，不仅节约成本，能有效达到资源的合理配置。MOOC 的市场化不仅要提高平台的效益，更要加强对 MOOC 课程的质量提升。只有市场化才会使得 MOOC 有持续的发展动力，

让教育机构（如学校、政府等）与企业单位建立积极的合作关系，通过各种渠道满足 MOOC 建设的经费需求。市场化的发展也意味着要提升 MOOC 的服务意识，要从无偿奉献型变为有偿服务型，如此这样，MOOC 才能成功的转型，达到持续发展，为体育教育的改革开辟出一条新道路。

MOOC 已经成为现今教育发展的必然趋势，MOOC 必将引领我国体育教育，传统教育应扬长避短，紧跟时代发展的步伐。这不仅对我国体育教育教学模式做出调整，也会大大提高我国体育教育的教学质量。MOOC 的出现，对我国体育教育不仅是机遇，更是一次严峻的挑战。MOOC 不仅对教师的教学水平有更高的要求，对学生的学习态度也有较高要求。在 MOOC 教学改革过程中所出现的一些困难和难题都需要学校，教师，学生共同努力，一起克服和解决。当然，我国体育教育的改革无论采用何种形式，都必须遵循体育教育的宗旨，只要我国体育教育抓住机遇，将 MOOC 在线教育的优势与体育教育的特色有效结合，在未来发展的道路上，必然会走在时代的最前面，引领世界体育蓬勃发展。

参考文献

[1] 董青，洪艳．体育符号：体育传播与国家形象建构 [M]. 北京：中国原子能出版社，2017.

[2] 鲁威人．体育文化学 [M]. 北京：清华大学出版社，2016.

[3] 刘健．体育文化探究 [M]. 北京：科学出版社，2017.

[4] 万鸿，于洪波 .MOOC 时代下远程教育的反思与启示 [J]. 科技展望．2016（13）.

[5] 周辉．现代体育文化体系分析与发展研究 [M]. 北京：中国水利水电出版社，2017.

[6] 董晋，苗苗．中国体育文化传播研究 [M]. 北京：北京体育大学出版社，2017.

[7] 平静．新媒体对中国传统体育文化的传播优势 [J]. 文化学刊，2018（02）.

[8] 洪建平．东西文明对话与中国体育文化的自主性——清华大学国学研究院刘东教授学术访谈录 [J]. 体育与科学，2018（03）.

[9] 王东升，马勇占，孙毅．民族体育文化多元化的生态学诠释——基于生态位理念的思考 [J]. 武汉体育学院学报，2011（4）.

[10] 徐伟，姚蕾．科技在竞技体育中的角色规范 [J]. 南京体育学院学报，2011（25）.

[11] 谢雪峰，唐宏贵，张江南．体育生态论纲 [M]. 北京：北京体育大学出版社，2011.

[12] 袁雷．论体育理念对政治文化的影响——以奥运会为例 [J]. 北京体育大学学报，2012（35）.

[13] 白晓蓉，袁野，韩成祥．从金牌体育向民生体育转型发展影响因素及路径研究 [J]. 吉林体育学院学报，2015（31）.

[14] 何强．我国竞技体育奥运战略的历史审视：兼论奥运战略的可持续发展 [J]. 首都体育学院学报，2012（24）.

[15] 骆毅，关亚军．我国竞技体育“锦标主义”盛行原因的理性思考 [J]. 哈尔滨体育学院学报，2014（32）.

[16] 谢琼桓．论北京奥运会后中国竞技体育的价值取向和策略取向 [J]. 天津体育学院学报，2011（26）.

[17] 屈雯喆，竞技体育异化现象的社会学探析 [J]. 河北体育学院学报，2010（24）.

[18] “提升我国体育文化软实力核心问题研究”课题组 . 中国体育文化软实力及其提升 [M]. 北京：科学出版社，2015.
[19] 司马云杰 . 文化价值论——关于文化建构价值意识的学说 [M]. 合肥：安徽教育出版社，2011.
[20] 李力研 . 体育：“培养人的勇敢”——亚里士多德体育思想解析 [J]. 中国体育科技，2003（5）.
[21] 冯霞 . 人学视野中的人文体育观研究 [M]. 北京：北京体育大学出版社，2008.
[22] 梁漱溟 . 中国文化要义 [M]. 上海：上海人民出版社，2011.
[23] 毕星红 . 日本现代学校体育的演变 [J]. 四川体育科学，2008（4）.
[24] 张建华，高嵘，毛振明 . 当代美国体育课程改革及对我国的启示 [J]. 体育科学，2004（24）.
[25] 傅桦，吴雁华，曲利娟 . 生态学原理与应用 [M]. 北京：中国环境科学出版社，2008.
[26] 周鸿 . 人类生态学 [M]. 北京：高等教育出版社，2006.
[27] 樊梦兵 .“一带一路”视域下中国体育文化输出战略研究 [J]. 周口师范学院学报，2018（02）.
[28] 倪娜 . 中国体育文化生态建设研究 [J]. 安徽工业大学学报（社会科学版），2016（04）.
[29] 白莹，戴剑，倪娜 . 中国体育文化战略思想的演进与未来发展的战略选择 [J]. 河北体育学院学报，2016（05）.
[30] 苗苗，董晋 . 中国体育文化对外传播模式及其评价体系的构建 [J]. 吉林体育学院学报，2017（04）.
[31] 侯丽婕 . 中国体育文化全球化推进策略探析 [J]. 郑州铁路职业技术学院学报，2017（01）.
[32] 钟秉枢，张建会，刘兰 . 新时代中国体育外交面临的问题与对策 [J]. 北京体育大学学报，2018（04）.
[33] 丁向东 . 体育强国视野下民族传统体育文化的传播路径分析 [J]. 当代教育实践与教学研究，2018（01）.
[34] 孙有中 . 国际政治国家形象的内涵及其功能 [J]. 国际论坛，2002（4）.
[35] 苏戎安 . 和谐主义社会论 [M]. 广州：广东人民出版社，2010.
[36] 钱穆 . 文化学大义 [M]. 北京：九州岛出版社，2011.
[37] 丁保玉 . 全球化语境下中国传统体育文化价值体系重构 [J]. 学术论坛，2010（9）.

[38] 冯红新．我国体育产业的发展策略[J]. 体育文化导刊，2015（3）.
[39] 付克翠．体育生态系统的耗散结构特征探析[J]. 体育科技，2010（3）.
[40] 龚建林．体育文化生态系统的结构与特性[J]. 体育学刊，2018（18）.
[41] 李宏斌．体育生态学的孕育与创设[J]. 商丘师范学院学报，2012（9）.